Das Schokoladen- Kochbuch

Das Schokoladen- Kochbuch

PATRICIA LOUSADA

Kaleidoskop Buch

Aus dem Englischen übersetzt von Susanne F. Kammerer
Redaktion: Silvia Rehder
Korrektur: Petra Tröger
Einbandgestaltung: Studio für Illustration und Fotografie, Icking,
Sascha Wuillemet
Herstellung: Dieter Lidl
Satz: satz & repro Grieb, München

EIN DORLING KINDERSLEY BUCH

Druck und Bindung: Graficas Estella
Printed in Spain

HINWEIS

Alle Informationen und Hinweise, die in diesem Buch enthalten sind, wurden vom Autor nach bestem Wissen erarbeitet und von ihm und dem Verlag mit größtmöglicher Sorgfalt überprüft. Unter Berücksichtigung des Produkthaftungsrechts müssen wir allerdings darauf hinweisen, dass inhaltliche Fehler oder Auslassungen nicht völlig auszuschließen sind. Für etwaige fehlerhafte Angaben können Autor, Verlag und Verlagsmitarbeiter keinerlei Verpflichtung und Haftung übernehmen.

Korrekturhinweise sind jederzeit willkommen und werden gerne berücksichtigt.

Inhalt

Einführung

Schokolade ist auf der ganzen Welt beliebt. Sie befriedigt nicht nur unsere Lust auf Süßes und bietet dabei höchsten Genuss, sie liefert gleichzeitig auch wertvolle Nährstoffe. Ihr besonders reichhaltiges Aroma bildet die Basis für herrliche Torten, für Gebäck, Eiscreme und andere Desserts, ja sogar für pikante Gerichte. Wenn wir uns selbst und anderen etwas Gutes tun möchten, gibt es nichts Köstlicheres als Schokolade.

DIE HERKUNFT DER SCHOKOLADE

Schokolade wird aus den Bohnen eines Baumes, *Theobroma cacao*, hergestellt, der in den mittel- und südamerikanischen Tropen beheimatet ist. Schon Tausende von Jahren, bevor die Schokolade in Europa bekannt wurde, brauten die Maya und die Azteken aus ihr ein Getränk, das sie ihren Gottheiten in Stammesritualen opferten. Kakaobohnen verwendeten sie als Zahlungsmittel. So waren die Schatzkammern der Aztekenherrscher riesige Lagerhäuser, angefüllt mit Kakaobohnen.

Als Kolumbus im Jahre 1502 aus der Neuen Welt zurückkehrte und für den König von Spanien Kakaobohnen mitbrachte, konnte damit niemand etwas anfangen. Zwanzig Jahre später, nach der Eroberung Mexikos, brachte Cortez ebenfalls Kakao nach Spanien. Er hatte Kakao am Mexikanischen Hofe von Montezuma kennen gelernt, wo er ihm als kaltes, bitterscharfes Getränk, *xocolatl* (bitteres Wasser) genannt, serviert worden war. Neben Kakao bestand es aus Chilischoten und anderen einheimischen Gewürzen und war von einem Schaum aus Kakaobutter bedeckt.

Südamerikanischer Indianer mit einer Kanne Schokolade und einer Trinkkelle

In Mexiko übernahmen die spanischen Conquistadores die aztekische Praxis, Kakaobohnen als gültiges Zahlungsmittel für Löhne und allgemeinen Handel zu verwenden, es dauerte jedoch länger, bis sie sich an das bittere Getränk gewöhnen konnten.

Mit der Zeit und der zunehmenden Verquickung beider Kulturen durch Mischehen wandelte sich das ehemals ungenießbar bittere Gebräu. Es wurde mit Zucker gesüßt, mit Gewürzen aus der Alten Welt wie Zimt und Anis aromatisiert und heiß serviert. Eine zusätzliche Verbesserung brachte der *molinillo*, ein quirlähnlicher Rührstab aus Holz, mit dem der Kakao schaumig geschlagen wurde. Bisher hatten die Azteken ihren Kakao aufgeschäumt indem sie ihn von einer Schüssel in die andere schütteten.

EUROPA ENTDECKT DIE SCHOKOLADE

In dieser neuen Form wurde Kakao erfolgreich in Spanien eingeführt, blieb allerdings der Oberschicht vorbehalten, die ihn seiner medizinischen Wirkung, aber auch seines Geschmacks wegen zu sich nahm. Bald kehrten auch Missionare aus Südamerika zurück und brachten das neuartige Getränk mit in ihre Klöster nach Italien und Südwestfrankreich. Als im Jahre 1615 Anna, die Tochter des spanischen Königs, mit Louis XIII von Frankreich verheiratet wurde, führte sie ihr Lieblingsgetränk am französischen Hof ein. Noch populärer wurde die Schokolade dann durch die spanische Infantin Maria Theresa, Gemahlin von Louis XIV. Ihre persönliche Dienstmagd, die für die Zubereitung der Schokolade zuständig war, erhielt am französischen Hof den Spitznamen »la Molina«. Innerhalb von zehn Jahren hat die Schokolade in Versailles und in den aristokratischen und intellektuellen Kreisen Frankreichs einen festen Platz erobert.

Eine Familie des französischen Adels beim Schokoladetrinken

Man erhält eine Vorstellung davon, wie aufwendig und prunkvoll Schokolade serviert wurde, wenn man liest, was Mme d'Aulnoy, eine französische Besucherin des spanischen Hofes, im Jahre 1679 schrieb: »Als Nächstes wurde Schokolade aufgetragen, jede Porzellantasse auf einer Untertasse aus Achat verziert mit Gold, desgleichen die Zuckerdose. Es gab eisgekühlte Schokolade, heiße Schokolade und Schokolade mit Milch und Eiern, dazu konnte man Gebäck nehmen oder auch kleine trockene Kuchenbrötchen…«

Zweieinhalb Jahrhunderte lang tobte in katholischen Ländern eine heftige Kontroverse, ob der Konsum von Schokolade mit dem Fastengelübde vereinbar sei. Diente sie als Nahrungsmittel der Ernährung des Körpers oder als Getränk dem Stillen des Durstes? Die Jesuiten, die mit Schokolade handelten, vertraten die Ansicht, das Fastengelübde würde dadurch nicht gebrochen; die Dominikaner behaupteten das Gegenteil.

Als die Schokolade Mitte des siebzehnten Jahrhunderts nach England kam, wurden Schokoladenhäuser bald wichtige Treffpunkte für die Schönen und Reichen. In Deutschland diente Kakao zunächst als Arzneimittel und wurde als Getränk von vielen vehement abgelehnt. Friedrich I. von Preußen hielt Schokolade für überflüssig und besteuerte sie. Doch sein Enkel, Friedrich der Große, sah in ihr ein »Göttergetränk«. Goethe liebte Schokolade so sehr, dass er auf Reisen sein eigenes Schokoladenporzellan sowie Kakao und Schokoladentafeln mit sich führte und bei Einladungen zum Essen oft als einziges Getränk heiße Schokolade servieren ließ.

Englische Deckeltasse für Schokolade, um 1805

VOM SCHOKOLADETRINKEN ZUM SCHOKOLADEESSEN

Bis 1828 wurde Kakao zum Trinken hergestellt, indem die Bohnen zu einer »Kakaomasse« zermahlen und dieser Gewürze und Zucker wie auch eine mehlhaltige Substanz hinzugefügt wurden, die Kakaobutter aufsaugen sollte, die sich auf dem Getränk absetzte. Ein großer Fortschritt war die bahnbrechende Erfindung des holländischen Chemikers Coenraad J. Van Houten: eine Presse, mit deren Hilfe die Kakaobutter aus der Bohne extrahiert werden kann; zurück bleibt ein trockener Kakaokuchen, der in nahezu fettfreies Kakaopulver – ähnlich unserem heutigen – zermahlen wird.

Van Houtens Presse wurde in England von den führenden Schokoladenherstellern eingesetzt. Zwei dieser Firmen waren im Besitz von bekannten Quäkerfamilien, Cadbury und Fry.

Diese beiden Firmen produzierten zwanzig Jahre später mithilfe der neuen Technik die erste Schokolade zum Essen.

Auch in den Vereinigten Staaten von Amerika gehören die Schokoladenhersteller von damals noch immer zu den führenden Unternehmen auf diesem Sektor. Im Jahre 1765 tat sich Dr. James Baker mit einem gerade eingereisten irischen Kakaohersteller zusammen und gründete die heute berühmte Firma Walter Baker. Domenico Ghirardelli, vom Goldrausch nach Kalifornien gelockt, eröffnete 1849 eine Schokoladenfabrik in San Francisco. Sie ist noch immer in Betrieb, und die zum Wahrzeichen gewordenen Gebäude, in denen einst die Firma untergebracht war, säumen heute den *Ghirardelli Square*. Auch der Name Hershey ist in Amerika in jedem Haushalt zu finden; Milton S. Hershey gründete aufgrund seines Erfolgs, den ihm die Schokolade bescherte, in Pennsylvania eine ganze Stadt. Als wären sie der Fantasie eines Kindes entsprungen, gibt es in Hershey, Pennsylvania, Straßen, die *Cocoa Avenue* (Kakaostraße) oder *Chocolate Avenue* (Schokoladenstraße) heißen, und Laternenpfähle, die den berühmten schokoladenen »Küsschen« nachempfunden sind.

DIE SCHOKOLADENHERSTELLUNG

Mit dem weltweit – damals wie heute – zunehmenden Appetit auf Schokolade mussten sich auch die Herstellungsmethoden weiterentwickeln, um die stetig steigende Nachfrage befriedigen zu können. Kakaobohnen in essbare Schokolade zu verwandeln ist ein langwieriger und komplizierter Prozess. Er beginnt bereits auf den Plantagen, die sich alle in dem Bereich zwischen Äquator und zwanzigstem Breitengrad befinden. Doch selbst in dieser Lage erreichen die Bäume nicht die gewünschte Ertragsmenge, wenn die Plantagen in zu großer Höhe angelegt werden oder die Temperatur unter 16 °C fällt. Zusätzlich benötigen sie Regenwaldklima, in dem sich kleine tropische Mücken gut vermehren, da nur diese die winzigen fünfblättrigen Blüten bestäuben können. Kakaobäume tragen gewöhnlich nach vier bis fünf Jahren zum ersten Mal Früchte. Die bräunlich violetten Bohnen beziehungsweise Samen wachsen in bis zu 25 cm langen spindelförmigen Schoten, die sich am Stamm und an den dicksten Ästen des Baumes bilden. Die Schoten werden zweimal im Jahr geerntet und unmittelbar nach der Ernte mit einer Machete in zwei Teile gehauen, damit die Bohnen herausgeschnitten, fermentiert und in der Sonne getrocknet werden können.

Kakaoschote mit Bohnen

Ein durchschnittlicher Baum bringt einen jährlichen Ertrag von nur ein bis zwei Pfund getrockneter Bohnen, da diese durch das Trocknen 50 Prozent ihres Gewichts verlieren. Zwei Bohnensorten werden hauptsächlich verwendet: die Sorte Forastero, eine ertragreiche Bohne, die gut 70 Prozent der Welternte an Kakao ausmacht, und die Sorte Criollo, eine geschmacklich hochwertigere Bohne, die häufig mit der Sorte Forastero vermischt wird, um deren Geschmack zu verbessern. Es existieren auch einige Kreuzungen, die Sorte Trinitario ist davon die bekannteste.

Jeder Hersteller verarbeitet die von ihm ausgewählten Bohnen nach seiner persönlichen Methode. Der Grundprozess ist jedoch überall auf der Welt der gleiche. Die Bohnen werden geröstet, damit sich ihr Aroma entfaltet, und anschließend aufgebrochen, um Schalen und Samenhüllen zu entfernen; übrig bleiben die Kerne, der »Kakaobohnenbruch«. Dieser muss sofort vermahlen werden. Durch die Reibungswärme beim Mahlen schmilzt die Kakaobutter im Kakaobohnenbruch, und ein Großteil davon wird extrahiert. Was zurück bleibt, ist eine zähflüssige Paste, »Kakaomasse« genannt. Nach dem Abkühlen und Aushärten wird aus dieser Masse ungesüßte Kochschokolade. Wird die Masse danach gepresst, gibt sie noch einmal Kakaobutter ab. Der harte Kakaokuchen, der übrig bleibt, wird dann zu Pulver zermahlen: dem Kakao.

In der Kakaomasse bleibt immer ein Rest Kakaobutter zurück. Um gesüßte Schokolade zu erhalten, fügt man der Masse Kakaobutter, Zucker und Aromastoffe wie beispielsweise Vanille hinzu. Milchschokolade, die nun mit Milchpulver zubereitet wird, wurde zum ersten Mal im Jahre 1875 unter Verwendung von Kondensmilch hergestellt. Die zart schmelzende Konsistenz, wie wir sie heute kennen, haben wir einem Schweizer Schokoladenfabrikanten namens Rodolphe Lindt zu verdanken, der das so genannte »Conchieren« entwickelte. Vor 1880 war Schokolade zum Essen noch recht grobkörnig gewesen. Lindt erhöhte die Kakaobuttermenge in seinen Rezepturen. In seiner muschelförmigen Maschine wurde die angereicherte Masse mehrere Tage lang wiederholt gemischt – was sehr viel länger war als bisher üblich. Das Ergebnis dieser Neuerung ist die cremig zarte Schokolade, die wir heute kennen.

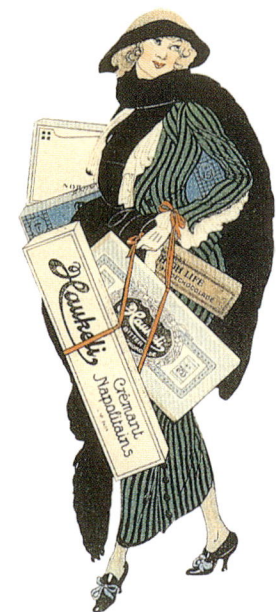

Werbung für Schokolade, 1913

SCHOKOLADE UND GESUNDHEIT

Die Auswirkungen von Schokolade auf die Gesundheit wurden schon immer heftig diskutiert. Wie allgemein bekannt ist, tut zu viel Zucker niemandem gut. Eine dunkle Schokolade von guter Qualität enthält nur wenig Zucker und eine große Menge Nährstoffe wie Calcium, Kalium, Riboflavin (Vitamin B2), Niacin und Vitamin A. Neueste Forschungen haben ergeben, dass das in hohem Maße in der Schokolade enthaltene Phenol gut gegen Herzerkrankungen ist. Zum Thema Koffein sei nur so viel gesagt: Der Aufputscheffekt hält sich mit mageren 25 mg bis gar keinem Koffein – verglichen mit 75–175 mg in einer Tasse Kaffee – sehr in Grenzen.

Schokolade erweckt bei manchen Menschen eine wahre Besessenheit und ist für die meisten von uns absolut unwiderstehlich. Der botanische Name, *Theobroma cacao*, bedeutet »Götterspeise«, aber es scheint, als ob normal Sterbliche deshalb nicht weniger von der Schokolade angetan wären. Es existieren gar Monatsmagazine zu diesem süßen Thema, die mit nach Schokolade duftender Farbe gedruckt wurden. Möglicherweise hat es sich herumgesprochen, dass Madame de Pompadour Schokolade als Aphrodisiakum empfahl und Casanova ihre verführerischen Qualitäten noch höher einstufte als die von Champagner.

Die erfolgreiche Schokoladenküche

Die Rezepte in diesem Buch enthalten klar formulierte und in einzelne Schritte aufgegliederte Anweisungen, die Ihnen dabei helfen sollen, perfekte Resultate zu erzielen. Zusätzlich sollten Sie jedoch unbedingt die folgenden Grundregeln beachten.

◆ Vor der Zubereitung eines Gerichts alle Zutaten abwiegen und bereitstellen.

◆ Zutaten stets vor der Verwendung auf Zimmertemperatur bringen; Eier, Butter und Milch rechtzeitig aus dem Kühlschrank nehmen (das gilt nicht für Sahne, die steif geschlagen werden soll; sie muss gut gekühlt sein, da sie sich sonst zersetzt).

◆ Bei den jeweiligen Löffelmaßen handelt es sich immer um gestrichene Löffel: 1 Teelöffel = 5 ml; 1 Esslöffel = 15 ml.

◆ Falls nicht anders angegeben, werden große Eier verwendet.

◆ Bei Torten und Pies ist es wichtig, die im Rezept angegebene Backform in der richtigen Größe zu benutzen. Die Größe erhalten Sie, wenn Sie vom inneren Rand der Form quer hinüber zum gegenüberliegenden Rand messen. Falls etwas anderes auf der Backform stehen sollte, vertrauen Sie lieber auf Ihre Messung.

◆ Vor der Zubereitung eines Gerichts den Backofen vorheizen und sicherstellen, dass die gewünschte Temperatur tatsächlich erreicht ist.

◆ Die richtige Temperatur können Sie mit Hilfe eines Backofenthermometers messen, das Sie in die Mitte des Ofens legen, bevor das Gericht in den Ofen geschoben wird.

◆ Die in den Rezepten angegebenen Backzeiten sind lediglich Richtlinien, da jeder Ofen ein anderes Backverhalten aufweist. Daher sollten Sie 5 Minuten vor Ende der empfohlenen Backzeit das Ergebnis prüfen und daraufhin das Gericht entsprechend länger im Ofen lassen oder gleich herausnehmen.

✳ **Achtung! Rohe oder nur leicht erwärmte Eier können Salmonellen übertragen. Gerichte mit dieser Warnung sollten nicht für ältere Menschen, Kleinkinder und schwangere Frauen zubereitet werden.**

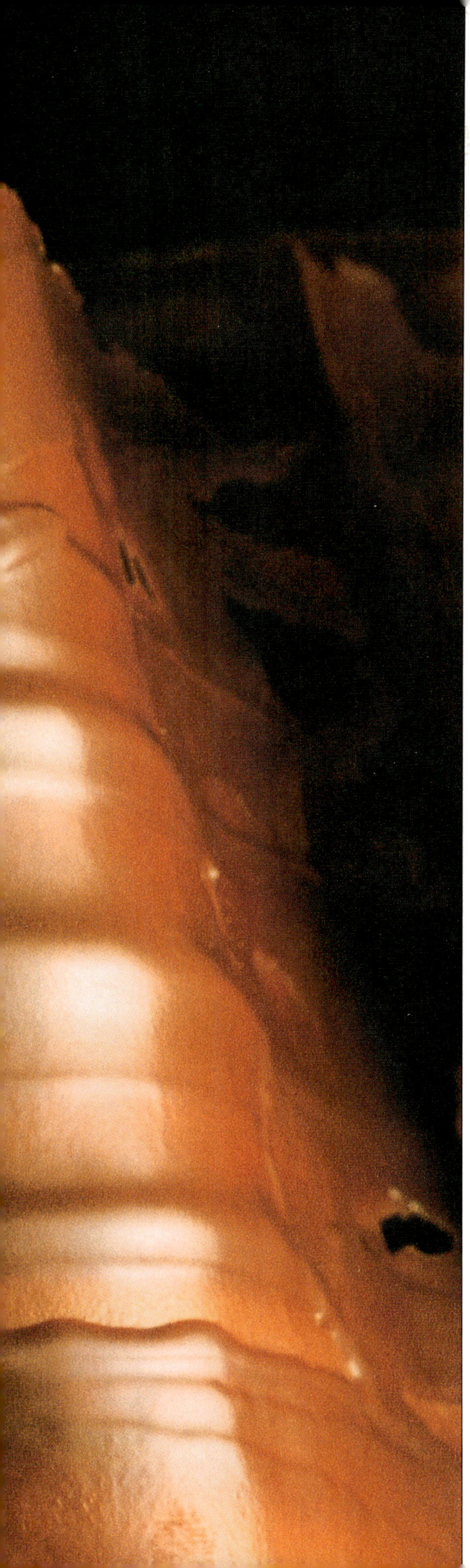

Galerie der Genüsse

Diese Seiten, prall gefüllt mit den herrlichsten Schokoladentorten und Desserts, mit feinen Pralinen und Konfekt, Tartes, Gebäck und gehaltvollen Saucen, geben einen Vorgeschmack auf die reichhaltige Auswahl der Rezepte in den folgenden Kapiteln – Rezepte aus aller Welt, die anschaulich demonstrieren, wie vielfältig Schokolade in der Kochkunst eingesetzt werden kann. Egal, welche dieser Köstlichkeiten Sie zubereiten, Sie werden bei jedem, der Schokolade liebt, mit Ihrer Wahl ins Schwarze treffen.

Marmorierte Millefeuilles
(Rezept Seite 106–107)

Schokoladencremetorten

Oben und rechts: Schoko-Fudge-Torte mit Pekannüssen (Rezept Seite 56)

Nichts regt die Geschmacksknospen eines Schokoladenfans so unwiderstehlich an wie eine Cremetorte, verschwenderisch gefüllt mit Schokoladencreme, knackigen Nüssen und Schlagsahne oder umhüllt von einem fruchtig frischen Überzug. Sie haben die Qual der Wahl – angefangen bei Klassikern wie der Schwarzwälder Kirschtorte oder der allseits beliebten Schokoladencremetorte bis zum exquisiten Gâteau Royal.

»Kein zweites Mal hat die Natur auf einem so kleinen Raum eine solche Fülle der wertvollsten Nährstoffe zusammengedrängt wie gerade bei der Kakaobohne.«

Alexander von Humboldt, Reisender im 19. Jahrhundert

Gâteau Royal
(Rezept Seite 58–59)

Weiße Schokoladentorte
(Rezept Seite 61)

Unten:
Schwarzwälder
Kirschtorte
(Rezept Seite 57)

Köstlich dunkler Schokoladenbiskuit mit fruchtiger, sahnig weicher Füllung

Dessertkuchen

Oben und rechts:
Schoko-Trüffel-Kuchen
(Rezept Seite 71)

Stilvoll verzierte Dessertkuchen und -torten mit köstlichen Aromen demonstrieren seit Generationen besonders eindrucksvoll die Kunst der Pâtisserie. In dieser unwiderstehlichen Auswahl sind einige der beliebtesten Dessertkuchen aus Schokolade vereint, darunter die klassische Sachertorte aus Österreich, der exotisch-fruchtige Kumquat-Schokoladenkuchen und ein außergewöhnlich cremiger Schoko-Trüffel-Kuchen.

» Wenn ich einmal sterbe«, sagte ich zu meiner Freundin, »will ich nicht einbalsamiert werden. Ich will in Schokolade getaucht werden.« – » Vollmilch oder Zartbitter?«, wollte sie sofort wissen.

Adrianne Marcus,
The Chocolate Bible (1982)

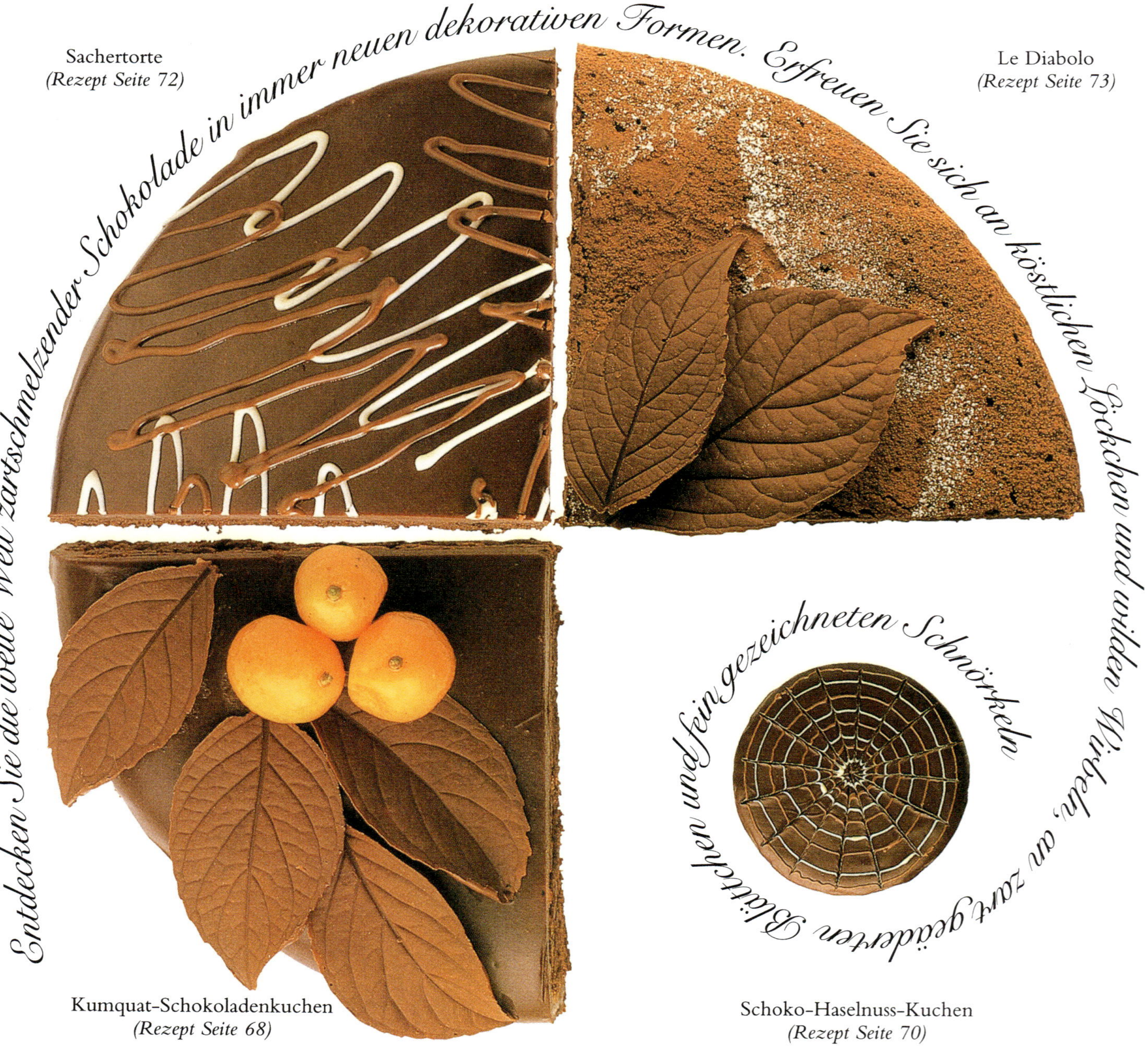

Sachertorte
(Rezept Seite 72)

Le Diabolo
(Rezept Seite 73)

Entdecken Sie die weite Welt zartschmelzender Schokolade in immer neuen dekorativen Formen. Erfreuen Sie sich an köstlichen Löckchen und wilden Wirbeln, an zart gedrehten Blättchen und fein gezeichneten Schnörkeln

Kumquat-Schokoladenkuchen
(Rezept Seite 68)

Schoko-Haselnuss-Kuchen
(Rezept Seite 70)

Gebäck

Oben und rechts: Schoko-laden-Haselnuss-Waffel
(Rezept Seite 89)

Schokoladenplätzchen sind der ideale Snack für zwi-schendurch, lecker zu einem Glas Milch oder einer Tasse Kaffee, oder einfach solo geknabbert und genossen. Sie sind auch das Tüpfelchen auf dem i für ein cremiges Dessert und besonders für Eiscreme. Die meisten Keks-sorten lassen sich schnell und einfach zubereiten – dafür können Sie sich bei der Verzierung ganz nach Lust und Laune kreativ betätigen. Alle Kekse sind lange haltbar.

»In puncto Schokolade achte ich sehr auf meine Ernährung und bin überzeugt, dass ich ihr meine Gesundheit zu verdanken habe ... Ich finde sie großartig und köstlich.«

Marie de Villars,
Frau eines französischen
Botschafters, 1680

Knusprig oder kernig, rund oder herzförmig, mit Früchten, Nüssen oder Zitrusschale: Hier gibt es Gebäck für jeden Geschmack.

Kokosmakronen
(Rezept Seite 90)

Florentiner
(Rezept Seite 84)

Schokoladen-
Shortbread
*(Rezept
Seite 88)*

Mokkaplätzchen
(Rezept Seite 87)

Pies & Tartes

Oben und rechts: Banoffee
Pie mit Schokolade
(Rezept Seite 99)

Amerikanische Pies und französische Tartes eignen sich
hervorragend als Dessert, vor allem wenn sie mit Schokolade zubereitet werden. Unter den Rezepten befindet
sich ein in Frankreich besonders geschätztes Backwerk,
die klassische fruchtige Schoko-Birnen-Tarte, daneben
amerikanische Dauerbrenner wie Mississippi
Mud Pie und die schokoladige
Variante der Pecan Pie.

»Schokolade ist … ein
wirkungsvolles Stärkungs-
mittel … Gibt man
Männern einen guten
halben Liter bern-
steinfarbener Schokolade zu
trinken …, werden sie ein
Wunder erleben.«
J. A. Brillat-Savarin,
Physiologie des Geschmacks
(1825)

Ein vollendeter Genuss, wenn Schokolade sich mit dem Aroma saftiger Birnen, cremigen Sahnekaramells oder knackiger Nüsse vermählt

Schoko-Birnen-
Tarte
(Rezept Seite 98)

Tarte Chiffon
(Rezept Seite 95)

Klassiker, die zu Favoriten der ganzen Familie werden: locker aufgeschlagene Schokolade in himmlisch leichten Tartes

Tarte mit Mousse-
au-chocolat-Füllung
(Rezept Seite 94)

Kühle Desserts

Oben und rechts: Limetten-mousse mit weißer Schoko-lade *(Rezept Seite 108)*

Kühle Desserts und Eiscremes mit Schokolade können – egal, wie viel Aufwand sie erfordern – sehr gut im Voraus zubereitet werden. Sie sind daher als süße Berei-cherung des Speiseplans für Einladungen und besondere Anlässe geradezu unentbehrlich. Eine liebevoll dekorier-te Schokoladenterrine, Nocken von Mousse au chocolat auf einer köstlichen Sauce oder ein geeistes Soufflé sind der garantierte Höhepunkt jedes festlichen Menüs.

»Schokolade erfreut nicht nur den Geschmackssinn, sie ist ein wahrer Balsam für die Zunge.«

Dr. S. Blancardi, Amsterdamer Arzt, 1705

Haselnussmeringe mit schwarzweißer Mousse *(Rezept Seite 115)*

Schokomeringen-Sandwich *(Rezept Seite 110)*

Marmorierte Millefeuilles *(Rezept Seite 106–107)*

Kühle Schokolade in Mousses und Soufflés; luftig leichte Schokoschichten in edlen Terrinen; eiskalte Schokolade in gefrorenen Desserts und Eiscreme

Weißes Schokola-deneis *(Rezept Seite 120)*

Pralinen & Konfekt

Oben: Trüffeln und kandierte Zitrusfrüchte

Sahnekaramellen, wie sie schon in der Kindheit bei vielen erstes Interesse am Kochen geweckt haben, gehören zu einer unerschöpflichen Vielfalt von Süßigkeiten, die selbst gemacht werden können. Pfefferminzkonfekt, Nüsse im Schokoladenmantel und italienischer Panforte sind auch von einem Anfänger bestens zu bewältigen. Und sogar noch leichter gelingen die köstlichen, edlen Trüffeln aus Schokolade.

»Die Süßigkeiten, an die ich mich am besten erinnere, waren … mit dunkler Schokolade gefüllt. Würde ich sie heute irgendwo finden, würden sie ganz bestimmt noch genauso nach Hoffnung schmecken wie damals.«

Graham Greene, Schriftsteller

Trüffel in weißer Schokolade
(Rezept Seite 125)

Armagnac-Pflaumen-Trüffel
(Rezept Seite 122)

In Schokostreusel gehüllte Trüffel *(Rezept Seite 124)*

Weiße Trüffel
(Rezept, Seite 125)

Trüffel
(Rezept Seite 124)

Unwiderstehlich feines Konfekt und edle Trüffeln, gefüllt mit Früchten, Nüssen und Likörcreme

Mit Kakaopulver bestäubte Trüffel
(Rezept Seite 124)

Weiße Trüffel im Nussmantel
(Rezept Seite 125)

Trüffel
(Rezept Seite 124)

Mit weißer Schokolade verzierte Trüffel
(Rezept Seite 124)

Schokoladensaucen

Oben und rechts:
Dunkle Schokoladensauce
(Rezept Seite 135)

Saucen ergänzen Süßspeisen, runden ihren Geschmack harmonisch ab und sehen immer dekorativ aus. Ob es sich nun um warme Fudge-Sauce handelt, über Eiscreme gegossen, um heiße Schokoladensauce, zu einem dampfgegarten Pudding serviert, oder um eine fruchtige Himbeer-Coulis, als Kontrast zur reichhaltigen, vollmundigen Schokolade, Saucen stimulieren stets gleichermaßen Auge wie Gaumen.

»Die Schokolade wollen wir auf die Gesundheit essen.«
Johann Wolfgang von Goethe, *Goethes Ehe in Briefen* (Frankfurt, 1956)

Kaskaden von Schokolade fließen über warme Desserts und kalte Eiscreme

Üppige Saucen auf einfachen Süßspeisen erfreuen auch das Auge

Warme Fudge-Sauce
(Rezept Seite 134)

Samtig zarte Schokolade bekommt durch herbe Fruchtigkeit den letzten Pfiff

Dunkle
Schokoladensauce
(Rezept Seite 135)

Schokoladensauce
(Rezept Seite 134)

Ein Grundkurs in Schokolade

Schokolade lässt sich in der Küche äußerst vielseitig verwenden, gerade wenn man ihre besonderen Eigenschaften kennt und weiß, wie man sie am besten verarbeitet. In diesem Kapitel wird beides beschrieben. Die verschiedenen Schokoladensorten werden charakterisiert und illustriert, zusätzlich werden detaillierte Informationen zur Verwendung der jeweiligen Sorte gegeben. Die Grundtechniken für das Zerkleinern, Schmelzen und Temperieren von Schokolade werden in einfachen Schritt-für-Schritt-Sequenzen dargestellt. Außerdem finden Sie in diesem Kapitel Tipps zu Kauf und Lagerung von Schokolade und eine Auswahl hilfreicher Arbeitsgeräte für die Schokoladenküche.

Das Schmelzen von Schokolade
(Seite 33)

Die Schokoladenherstellung

Schokolade hat – ebenso wie Kaffee – ihren Ursprung in einer Bohne, die jedoch auf einem Baum wächst, nicht auf einem Busch. Der exotische Kakaobaum trägt gleichzeitig eine Fülle rosafarbener und weißer Blüten, grüne unreife Früchte und goldene Kakao-schoten. In der Schote eingeschlossen befinden sich kleine dunkle Kakaobohnen. Durch ein langwieriges Verfahren werden die Bohnen in Kakaomasse umgewandelt, aus der schließlich diese besondere Köstlichkeit hergestellt wird: die Schokolade.

DER KAKAOBAUM

Die Region zwischen den 20. Breitengraden, mit Ausnahme mancher Teile Afrikas, ist die Heimat des Kakaobaumes. Der Baum trägt nach vier Jahren zum ersten Mal Früchte und bringt mindestens fünfzig Jahre lang Ertrag. Die spindelförmige Frucht wächst direkt aus dem älteren Holz des Stammes und der dicksten Äste. Eine reife Frucht, die man an ihrer goldgelben Farbe erkennt, kann bis zu 25 cm lang sein. Im Innern der reifen Schote befinden sich bräunlich violette Kakaobohnen, eingebettet in blassrosa Fruchtfleisch. Die Schoten werden von den Bäumen geschnitten und gespalten. Dann werden Bohnen und Fruchtfleisch zusammen fermentiert. Durch diesen Prozess, den man auch »Rotten« nennt, nehmen die Bohnen ein stumpfes Rot an und entwickeln ihr charakteristisches Aroma. Nach der Fermentation trocknen die Bohnen an der Sonne und erhalten so ihre endgültige »schokoladenbraune« Farbe. Nun sind sie bereit für den Schiffstransport in die Kakao verarbeitenden Länder.

Es gibt viele Kakaobaumzüchtungen, die drei wichtigsten Sorten jedoch sind Criollo, der den besten Kakao liefert, Forastero, von dem 70 Prozent der Kakaoproduktion stammen, und Trinitario. Experten behaupten von sich, sie könnten am Geschmack der Schokolade erkennen, aus welcher Kakaosorte sie hergestellt wurde.

DIE VERARBEITUNG DER BOHNEN

Bevor die getrockneten Bohnen in die Verarbeitung gehen, werden sie gesäubert, auf ihre Qualität hin überprüft und anschließend geröstet. Das Rösten, ein wichtiger Schritt im Verarbeitungsprozess, dient dazu, dass sich das Aroma der Bohnen entfaltet und die Kerne sich aus der harten äußeren Schale lösen. Jeder Schokoladenhersteller hütet sein ganz spezielles Röstgeheimnis, das wesentlichen Einfluss auf den Geschmack der Schokolade hat. Nach dem Rösten duften die Bohnen bereits deutlich nach Schokolade. Als Nächstes werden die Bohnen aufgebrochen und die Schalen und Samenhüllen entfernt, um die Kerne, »Kakaobohnenbruch« genannt, zu erhalten. Aus diesen kleinen braunen Bohnenstückchen wird die Schokolade gemacht. Der geröstete Kakaobohnenbruch, der im Durchschnitt 54 Prozent Kakaobutter enthält, wird zu einer zähen dunklen Paste zermahlen, die »Kakaomasse« oder »Kakaofeststoffe« genannt wird. Wenn der Druck auf die Kakaomasse erhöht wird, löst sich die Kakaobutter, und ein harter Kakaokuchen bleibt zurück. Aus diesem Presskuchen wird, nachdem er zu Kakaokrume zerkleinert und danach fein gemahlen und gesiebt wurde, das Kakaopulver.

Getrocknete Kakaobohne (oben)

Kakaoschote (links)

Kakaobutter

Kakaomasse oder Kakao-feststoffe

Kakaokrume

DAS CONCHIEREN

Schokolade besteht im Allgemeinen aus Kakaomasse und Zucker. Bei dunkler Schokolade wird Kakaobutter, bei Milchschokolade Milch hinzugefügt, außerdem Vanille und weitere Aroma-stoffe. Der letzte Schritt im Verarbei-tungsprozess ist das Conchieren. Hier-bei wird die Schokoladenmischung in riesigen Kesseln erhitzt und mit Hilfe rotierender Spatel umgerührt. Kleine Mengen Kakaobutter und Lecithin, ein Emulgator, werden zugegeben, um die köstlich zart schmelzende Konsis-tenz zu erhalten, die das Endprodukt auszeichnet.

DAS SÜSSEN VON SCHOKOLADE

Koch- oder Bitterschokolade besteht lediglich aus Kakaomasse und Kakao-butter. Zur Herstellung der großen Auswahl an dunkler Schokolade – von extrabitter über halbbitter bis zart- und edelbitter – werden unterschiedliche Mengen Zucker, Vanille und Lecithin hinzugefügt. Der auf der Verpackung angegebene prozentuale Kakaogehalt lässt in jedem Fall auf die Qualität der Schokolade schließen, nicht unbedingt aber auf ihren Geschmack. Geschmack und Süße hängen ganz vom Hersteller ab, die extrabittere Schokolade der einen Marke kann wie die halbbittere Schokolade einer anderen Marke schmecken. Wenn Sie eine andere Schokoladenmarke zur Zubereitung Ihres Lieblingsrezepts wählen, kann sich das auf den Geschmack auswirken. Bei der Herstellung von Milchscho-kolade wird die Kakaomasse teilweise durch Milchtrockenmasse ersetzt. Weiße Schokolade ist im Grunde gar keine richtige Schokolade, da sie keine Kakaomasse, sondern lediglich Kakao-butter enthält. Allgemein ist weiße Schokolade, für deren Herstellung nur Kakaobutter und kein anderes Pflan-zenfett verwendet wurde, vorzuziehen.

KAUF UND LAGERUNG VON SCHOKOLADE

◆ Lesen Sie sich das Etikett gut durch. »Künstliche Schokolade« oder »mit Schoko-ladengeschmack« sind keine gute Wahl, dies beweisen sowohl Geschmack als auch Konsistenz.

◆ Beachten Sie den prozentualen Anteil an Kakaomasse und Zucker auf dem Etikett: Diese geben Auskunft über Qualität und Geschmack der Schokolade.

◆ Lagern Sie Schokolade in Folie verpackt an einem kühlen, trockenen und luftigen Ort, vor-zugsweise bei konstanter Temperatur.

◆ Korrekt gelagerte dunkle Schokolade ist über ein Jahr lang haltbar.

◆ Milchschokolade und weiße Schokolade soll-ten nicht länger als sechs Monate aufbewahrt werden. Auch wenn weiße Schokolade mögli-cherweise noch gut schmeckt, so wird ihre Schmelzqualität mit zunehmender Lagerzeit immer schlechter.

◆ Wird die Schokolade bei wärmeren Tempera-turen gelagert, bilden sich auf ihrer Oberfläche Streifen und Verformungen; an einem feucht-kalten Platz überzieht sich die Schokolade even-tuell mit einem grauweißen Film. Dadurch werden Geschmack und Konsistenz jedoch nicht maßgeblich beeinträchtigt, und die Schokolade kann immer noch zum Kochen und Backen verwendet werden.

Schokoladensorten

Eine große Auswahl hervorragender Schokolade zum Essen (Dessertschokolade) und zum Kochen (Kochschokolade) wird in Fachgeschäften und in Supermärkten angeboten. Verantwortlich für die Unterschiede zwischen den verschiedenen Marken sind die verwendeten Bohnen, die Anteile an Kakaomasse, Kakaobutter und Zucker und die Aromastoffe. Die dunkelste Schokolade enthält den höchsten Anteil an Kakaomasse und Kakaobutter, wobei Kuvertüre, die feinste Schokolade, die für die Herstellung hochwertiger Konditorwaren verwendet wird, bis zu 75 Prozent Kakaomasse enthalten kann. Eine gute dunkle Schokolade hat einen Mindestanteil an Kakaomasse von 45–50 Prozent. Bei billigeren Marken wird Kakaobutter durch Pflanzen- und Backfett ersetzt.

DUNKLE SCHOKOLADE

Dunkle Schokolade ist die Schokoladensorte, die am häufigsten zum Backen verwendet wird.

KAKAOPULVER

Es gibt zwei Arten von Kakaopulver: das mildere, in der Dutching-Maschine verarbeitete oder alkalisierte Kakaopulver und das nicht alkalisierte. Beim Kochen sind beide untereinander austauschbar. Trinkschokoladenpulver ist kein Ersatz für Kakaopulver.

SCHOKOLADEN-BLÄTTCHEN

Schokoladenblättchen behalten während des Backens ihre Form und schmelzen nicht. Sie ersetzen jedoch nicht die Kochschokolade.

KUVERTÜRE

Kuvertüre eignet sich hervorragend zum Tauchen, Überziehen und Dekorieren. Diese, auch von Konditoren verwendete, qualitativ besonders hochwertige Schokolade, wird vor ihrer Verwendung als Glasur temperiert (Seite 35). Aufgrund ihres hohen Kakaobuttergehalts schmilzt sie beim Temperieren schön sämig und bildet einen dünnen glänzenden Überzug. Kuvertüre ist in den Sorten bitter und halbbitter, als Vollmilch- und als weiße Kuvertüre meist in Tafel- oder Blockform, manchmal auch in Tropfenform erhältlich.

Schokoladen-blättchen

Kuvertüre

Dunkle Schokolade, auch als extrabittere, halbbittere oder zartbittere Schokolade bezeichnet, ist die Sorte, die in der Küche am häufigsten verwendet wird. Alle Sorten außer extrabitter (die es im Fachgeschäft zu kaufen gibt) enthalten so viel Zucker, dass sie für den Verzehr geeignet sind. Verschiedene Marken enthalten unterschiedliche Mengen an Kakaomasse und Zucker. Achten Sie auf die Angaben auf der Schokoladenverpackung, und kaufen Sie nur die Marken, bei denen der Anteil an Kakaomasse mindestens 45–50 Prozent beträgt. Dunkle oder bittere Kuvertüre beinhaltet sogar bis zu 75 Prozent Kakaomasse.

MILCHSCHOKOLADE

WEISSE SCHOKOLADE

Milchschokolade wird oft für Verzierungen benutzt, da sie einen idealen farblichen und geschmacklichen Kontrast zu dunkler Schokolade darstellt.

Weiße Schokolade schmeckt besonders süß. Dadurch ist sie wie geschaffen für die Herstellung von Konfekt.

Bei der Milchschokolade wird die Kakaomasse teilweise durch Milchtrockenmasse (Milchpulver oder Kondensmilch) ersetzt, was ihr den milden Geschmack und den Schmelz verleiht. Die besten Marken zeichnen sich durch einen hohen Prozentsatz an Kakaomasse – mindestens 30% – und echter Vanille aus.

Milchschokolade eignet sich nicht zum Kochen und Backen. Sie reagiert empfindlicher auf Hitze als dunkle Schokolade, was ihre Handhabung erschwert. Geradezu ideal ist sie jedoch für Verzierungen, da sie – was Farbe wie auch Geschmack anbelangt – einen perfekten Kontrast zu dunkler Schokolade bildet.

Weiße Schokolade ist keine echte Schokolade, da ihr die Kakaomasse fehlt. Bessere Marken enthalten einen hohen Anteil Kakaobutter sowie Milchtrockenmasse und Zucker. Von mit Pflanzen- oder Backfett hergestellter weißer Schokolade ist abzuraten.
Was für Milchschokolade gilt, gilt auch für weiße Schokolade: Sie

verträgt keine Hitze, kann zwar geschmolzen, aber nicht zum Backen verwendet werden. Wird sie zu schnell erhitzt, kann sie aufgrund der zugesetzten Milchtrockenmasse körnig werden. Ihr süßer, doch delikater Geschmack macht die weiße Schokolade in der Dessertküche besonders beliebt.

Die Grundtechniken

Der Umgang mit Schokolade in der Küche ist ganz einfach, wenn man bestimmte Dinge berücksichtigt. Der Schlüssel zum Erfolg liegt im Wissen, wie Schokolade zerkleinert, geraspelt, geschmolzen und temperiert wird, da es sich hierbei um die Voraussetzungen für das Kochen und Dekorieren mit Schokolade handelt. Wenn Sie diese beherrschen, sind Sie in der Lage, sowohl herrlich einfache Desserts als auch atemberaubende Schokoladenkreationen mit Leichtigkeit herzustellen.

Schokolade ist, was ihre Umgebung betrifft, recht empfindlich. Kühle, trockene Luft ist eine unerlässliche Bedingung für erfolgreiches Arbeiten mit Schokolade. Herrscht in Ihrer Küche ein heißes und dunstiges Klima, wirkt sich das auf jeden Fall negativ auf die Schokoladenverarbeitung aus. Dies lässt sich dadurch vermeiden, dass Sie Schokoladenzubereitungen erst dann beginnen, wenn sonst nichts anderes mehr in Ihrer Küche gekocht wird.

DAS ZERKLEINERN UND RASPELN VON SCHOKOLADE

Schokolade, die zerkleinert oder geraspelt werden soll, muss hart sein; am besten legen Sie sie vorher kurz in den Kühlschrank. Wollen Sie die Schokolade manuell zerkleinern oder raspeln, sollten Sie sie, damit sie nicht schmilzt, so wenig wie möglich mit der bloßen Hand berühren – nehmen Sie dazu ein Stückchen Papier oder Küchenkrepp. Raspeln Sie die Schokolade auf einer trockenen Unterlage, da Feuchtigkeit die Konsistenz der Schokolade beeinträchtigt, wenn diese später zum Schmelzen verwendet werden soll. Zum Raspeln sollten Sie der besseren Handhabbarkeit wegen ein großes Stück nehmen, es gut festhalten und auf einer groben Reibe raspeln.

Benutzen Sie zum Zerkleinern der Schokolade ein großes, scharfes Messer. Halten Sie das Messer wie ein Wiegemesser, und schneiden Sie mit dem breiten Ende der Schneide, nicht mit der Spitze, kleine gleichmäßige Stückchen von der Schokolade ab.

Falls Sie eine Küchenmaschine verwenden wollen, befüllen Sie die Maschine mit den Schokoladenstückchen, und schalten Sie sie ein. Die Maschine sollte jedoch nur in kurzen Intervallen laufen, damit sie nicht zu heiß wird, was zum Schmelzen der Schokolade führen könnte.

DAS SCHMELZEN VON SCHOKOLADE

Schmelzen Sie die Schokolade nach der auf Seite 33 beschriebenen Methode. Rühren Sie sie dabei gelegentlich um, bis sie weich ist, dann nehmen Sie sie aus dem Wasserbad. Die Schokoladensorten weisen beim Schmelzen ein jeweils anderes Verhalten auf: Während beispielsweise Milchschokolade dünnflüssig wird, behalten bittere und dunkle Sorten ihre Form, bis sie umgerührt werden. So kann es passieren, dass Schokolade zwar noch ihre Form hat, aber schon geschmolzen ist, und dadurch möglicherweise zu großer Hitze ausgesetzt wird. Halten Sie die Temperatur niedrig (nicht höher als 44 °C), damit die Schokolade nicht anbrennt und ihr Aroma ruiniert wird.

Das Schmelzen in der Mikrowelle
Das Innere des Mikrowellengeräts muss unbedingt trocken sein. Brechen Sie die Schokolade in gleich große Stücke, und legen Sie sie zum Schmelzen in eine Schüssel. Die Schmelzdauer hängt ganz von der Leistung des Geräts und von der Sorte und Menge der zu schmelzenden Schokolade ab; wählen Sie jedoch niemals volle Leistung. Die Tabelle rechts enthält Zeitangaben für ein Mikrowellengerät mit einer Leistung von 650 Watt; bei Geräten mit höherer Leistung ist die Schmelzdauer um etwa 30 Sekunden verkürzt. Wenn Sie die Schokolade während des Schmelzens alle 30 Sekunden umrühren, können Sie ihren Zustand besser überwachen.

UNGEFÄHRE SCHMELZDAUER IN EINEM MIKROWELLENGERÄT MIT 650 WATT LEISTUNG

Dunkle Schokolade

Menge	Mittlere Leistung
60 g	2 Minuten
125 g	$2^{1}/_{2}$ Minuten
180 g	3 Minuten

Milchschokolade und weiße Schokolade

Menge	Niedrige Leistung
60 g	$2^{1}/_{2}$ Minuten
125 g	3 Minuten
180 g	4 Minuten

ERFOLGREICHES SCHMELZEN

Schokolade darf keinen direkten Kontakt mit der Wärmequelle haben. Ein Topf mit speziellem Wasserbadeinsatz oder einfach eine Metall- oder Glasschüssel, die auf einen mit Wasser gefüllten Topf gestellt wird, sind hier die geeignetsten Geräte. Die Schüssel sollte nicht mit dem Wasser in Berührung kommen.

Die Schokolade beginnt gerade zu schmelzen.

1 Brechen oder hacken Sie die Schokolade in gleich große Stücke, und legen Sie sie in eine Metall- oder Glasschüssel. Kleinere Stücke schmelzen schneller.

2 Stellen Sie die Schüssel auf einen Topf mit heißem Wasser, das jedoch nicht kochen oder köcheln darf. Wenn die Schokolade schmilzt, rühren Sie sie gelegentlich um und vermischen so die noch nicht geschmolzenen Stücke mit der bereits geschmolzenen Schokolade.

3 Ist die Schokolade ganz geschmolzen, sollte sie eine zähflüssige glänzende Konsistenz aufweisen. Zu hoher Temperatur ausgesetzte Schokolade trennt oder zersetzt sich und verwandelt sich in eine klumpige Masse. Klumpig gewordene Schokolade kann durch Unterrühren eines Teelöffels warmen Pflanzenöls gerettet werden; falls nötig, kann dieser Vorgang auch wiederholt werden.

DAS SCHMELZEN VON SCHOKOLADE FÜR SCHOKOLADENLOCKEN UND ANDERE FORMEN

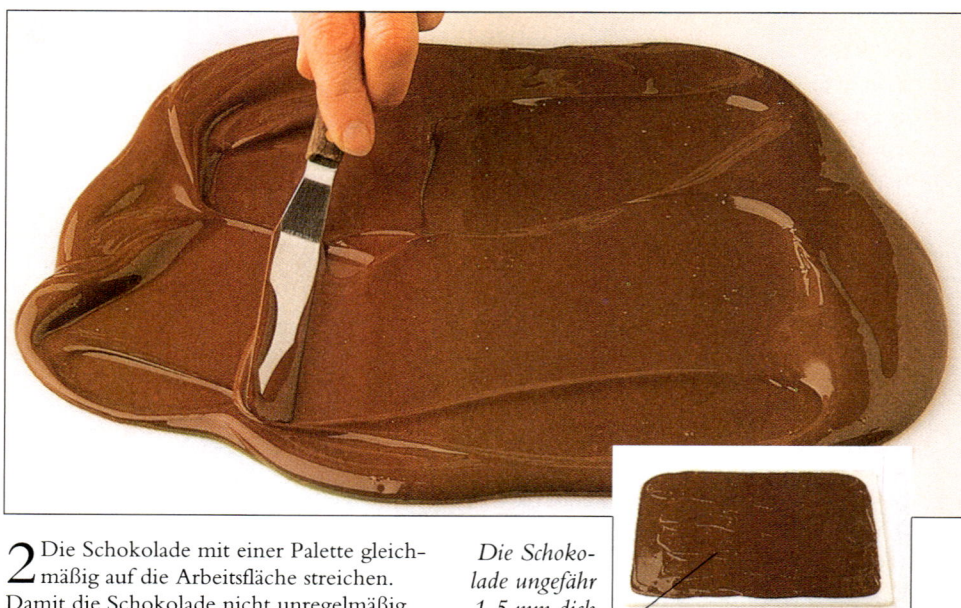

1 Für die Herstellung von Dekorationen wie Schokoladenlocken, Schokoladenspäne und geschnittene Formen geschmolzene Schokolade auf eine glatte, saubere Arbeitsfläche wie beispielsweise ein Brett aus Acryl gießen.

2 Die Schokolade mit einer Palette gleichmäßig auf die Arbeitsfläche streichen. Damit die Schokolade nicht unregelmäßig erstarrt, sollte sie überall gleich dick aufgetragen werden.

Die Schokolade ungefähr 1,5 mm dick auf die Arbeitsfläche streichen.

SCHOKOLADE ZUSAMMEN MIT ANDEREN ZUTATEN SCHMELZEN

Butter oder Öl kann problemlos zusammen mit Schokolade geschmolzen oder während des Schokoladeschmelzens beigefügt werden. Ebenso kann Schokolade zusammen mit einer Flüssigkeit geschmolzen werden, vorausgesetzt, das Verhältnis stimmt – mindestens 1 Esslöffel Flüssigkeit auf 60 g Schokolade. Die Zutaten, die der Schokolade beigemischt werden sollen, müssen die gleiche Temperatur haben. Wird eine heißere Flüssigkeit dazugegeben, könnte sich die Schokolade zersetzen. Wird eine kalte Zutat hinzugefügt, wäre es möglich, dass die Schokolade Klumpen bildet.

DIE KOMBINATION VON ANDEREN ZUTATEN MIT GESCHMOLZENER SCHOKOLADE

Bei vielen Rezepten wird Schokolade zusammen mit anderen Zutaten geschmolzen, oder der bereits geschmolzenen Schokolade werden weitere Zutaten hinzugefügt. Dabei sollten diese einfachen Tipps beachtet werden:

◆ Die geschmolzene Schokolade auf Zimmertemperatur abkühlen lassen, bevor sie Torten- oder Keksteigen hinzugefügt wird. Ist die Schokolade zu heiß, kann dadurch das in der Füllung oder im Teig enthaltene Fett schmelzen, wodurch die Konsistenz des gebackenen Produkts anders ausfallen kann.

◆ Geschmolzene Schokolade, die einer lockeren Mischung zum Beispiel aus Zucker und Butter beigefügt wird, sollte schnell untergerührt werden, und zwar an einem warmen Ort, damit die Schokolade flüssig bleibt.

◆ Ein Holzkochlöffel sollte zum Vermischen von geschmolzener Schokolade und einer dickflüssigen Mischung wie zum Beispiel Eigelb mit Zucker verwendet werden. Sorgen Sie für einen festen Stand der Schüssel beim Unterrühren der Schokolade.

1 Die Butter früh genug aus dem Kühlschrank nehmen, damit sie Zimmertemperatur hat, wenn sie weiterverarbeitet wird. Die Schokolade ohne die Butter langsam schmelzen, dann vom Herd nehmen.

2 Um eine gleichmäßig glatte Konsistenz zu erhalten, die Butter mit einem Gummispatel vorsichtig in die geschmolzene Schokolade einrühren.

◆ In der Mikrowelle schmilzt Schokolade zusammen mit Butter oder einer Flüssigkeit schneller als ohne Zusatz von Butter oder Flüssigkeit.

◆ Weiße Schokolade zersetzt sich leicht. Soll sie mit anderen Zutaten kombiniert oder geschmolzen werden, muss man dabei besondere Vorsicht walten lassen.

DAS TEMPERIEREN VON KUVERTÜRE

Der Temperiervorgang verhindert, dass Kuvertüre nach dem Schmelzen und Wiedererstarren stumpf und streifig aussieht. Geschmolzene Kuvertüre wird für bestimmte Rezepte mit weiteren Zutaten vermischt. Wird die Kuvertüre pur für Glasuren und Dekorationen benutzt, bekommen diese durch das Temperieren eine knackige, glänzende Oberfläche, die wochenlang ohne Kühlung ihren Glanz behält. Die Schokolade schrumpft bei dieser Prozedur auch etwas zusammen, wodurch sie sich leicht aus einer Form lösen lässt.

1 Die klein gehackte Schokolade schmelzen (Seite 33). Die schmelzende Schokolade leicht umrühren, bis die Temperatur auf einem Schokoladenthermometer 45 °C erreicht hat und eine sehr weiche Konsistenz besitzt.

2 Drei Viertel der Schokolade auf eine kühle, glatte Arbeitsfläche wie beispielsweise ein Brett aus Acryl gießen. Die Oberfläche muss sauber und trocken sein. Die Schokolade mit einer Palette glatt streichen.

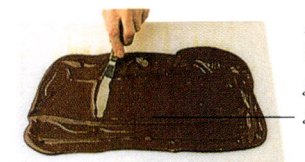

Mit einer kleinen Palette gleichmäßig glatt streichen

3 Die Schokolade mit einem Plastikspatel oder Teigschaber auf der Arbeitsfläche hin und her, auseinander und zusammen streichen.

4 Nach wenigen Minuten ist die Schokolade abgekühlt und leicht erstarrt. Hat sie eine Temperatur von 28 °C erreicht, kann sie mit Hilfe des Spatels oder Teigschabers zur restlichen Schokolade in die Schüssel zurückgegeben werden.

5 Die Schüssel auf einen Topf mit heißem Wasser setzen. Die Schokolade vorsichtig mit einem Gummispatel umrühren, bis die gesamte Schokolade gründlich vermischt ist.

6 Die Schokolade so lange rühren, bis sie wieder 32 °C erreicht hat (Vollmilchschokolade nur 30 °C); sie sollte nun eine glatte und glänzende Textur aufweisen.

7 Die temperierte Schokolade sofort verwenden. Über einem Topf mit warmem Wasser hält sie die richtige Temperatur. Die Schokolade kann, falls nötig, erneut temperiert werden.

Wichtige Arbeitsgeräte

Auf dieser Doppelseite finden Sie eine Auswahl nützlicher Utensilien für die Schokoladenküche. Einige davon, in den meisten Küchen ohnehin vorhanden, werden hier aufgeführt, weil sie für bestimmte schokoladenspezifische Techniken unerlässlich sind. Beim Kauf der Geräte sollten Sie sich immer für die beste Qualität entscheiden: Diese Geräte halten länger, sind zuverlässiger und leichter zu handhaben. Haben Sie sich erst einmal mit den in diesem Buch vorgestellten Techniken vertraut gemacht, werden Sie der Liste bald die Arbeitsgeräte hinzufügen, die sich für Sie als besonders hilfreich erwiesen haben.

Brett aus Acryl

Sparschäler für Schokoladelöckchen

Großes Küchenmesser

Ein Messer zum Zerkleinern von Schokolade sollte eine lange, breite Klinge mit einer scharfen Schneide haben. Ein Brett aus Acryl ist vielseitig verwendbar. Benutzen Sie es bei der Herstellung von Dekorationen und beim Temperieren. Eine Arbeitsfläche aus Marmor lässt Schokolade bisweilen zu schnell abkühlen und erstarren.

Edelstahlreibe

Sparschäler und Edelstahlreibe gehören zur Grundausstattung jeder Küche, sie sind jedoch auch in der Schokoladenküche recht nützlich. Mit Hilfe der groben Reibe erhält man kleine Schokoladenröllchen und Raspelschokolade. Mit Hilfe des Sparschälers gelingen Schokoladelöckchen.

Für das Mischen und Rühren von heißen Zutaten wird am besten ein langstieliger Kochlöffel aus Holz benutzt. Löffel aus Metall eignen sich gut zum Unterziehen von Mehl und Eischnee. Mit Hilfe eines flexiblen Gummispatels oder Teigschabers lässt sich auch der letzte Schokoladenrest aus einer Schüssel kratzen.

Kochlöffel aus Holz

Metalllöffel

Gummispatel

Schüsseln aus dickem feuerfestem Glas mit glatter, abgerundeter Stellfläche sind für das Schmelzen von Schokolade in einer Mikrowelle oder einem Wasserbad am besten geeignet.

Eine Stielkasserolle und eine feuerfeste Schüssel, die genau in die Kasserolle passt, ergeben das perfekte Wasserbad, das man zum Schmelzen von Schokolade benötigt. Wählen Sie eine Schüssel aus Glas, so können Sie das heiße Wasser im Topf beobachten: Es darf nicht kochen.

Schokoladenthermometer

Thermometer sollten vor dem Ernstfall getestet werden. Das kleinere Thermometer mit der roten Plastikkappe ist ein Schokoladenthermometer. Das große Zuckerthermometer kommt zum Einsatz, wenn Zuckersirup für Buttercremes und Karamell gekocht wird.

Zuckerthermometer

Ein Metallspachtel kann zur Herstellung von Schokoladenlocken oder Schokoladenspänen verwendet werden. Dafür ist es wichtig, dass die Kante scharf und sauber ist.

Gießformen gibt es in zahlreichen Mustern und Größen. Plastikformen sind am einfachsten zu handhaben.

Metallspachtel

Spritztüte aus Papier

Palette

Winkelpaletten

Spritztülle

Teigkärtchen aus Plastik

Spritzbeutel aus Nylon

Paletten werden dazu benutzt, Füllungen und Glasuren zu verteilen und glatt zu streichen. Winkelpaletten erleichtern das gleichmäßige Verstreichen in Backformen.

Zackenschaber

Die kleine Spritztüte aus Papier wird für filigrane Dekorationen verwendet. Der große Spritzbeutel mit Lochtülle eignet sich am besten für geschlagene Sahne und Meringemasse.

Pinsel zum Gestalten von Schokoladenblättern und zum Marmorieren von Schokoladendekorationen.

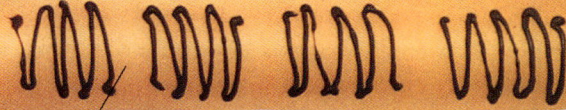

Mit Hilfe der Pralinengabel werden Früchte und Trüffeln in Schokolade getaucht.

Durch die Verwendung von Zahnstochern aus Holz vermeidet man hässliche Fingerabdrücke auf zarten Schokoladegebilden.

Mit der Spritztüte auf Antihaft-Backpapier gespritzte Dekomuster erstarren über einem Nudelholz.

Nudelhölzer sind in verschiedenen Größen erhältlich. Man kann sie zum Formen von Schokoladendekorationen verwenden, wenn man diese in noch nicht erstarrtem Zustand über ein Nudelholz legt.

Tortenscheiben, in mehreren Größen und Stärken erhältlich, werden zum Abheben von Tortenböden verwendet.

Spieße aus Acryl zum Stabilisieren von mehrstöckigen Torten

Von Antihaft-Backpapier lassen sich Dekomuster nach dem Erstarren leicht ablösen.

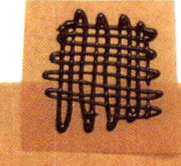

Antihaft-Backpapier

Fettdichtes Papier

Kochen und Backen mit Schokolade

DAS A UND O DER SCHOKOLADENKÜCHE

◆ Schokolade zum Schmelzen in gleichmäßige Stücke schneiden.

◆ Schokolade zum Schmelzen nie direkter Hitze aussetzen.

◆ Ein Wasserbad mit Glasschüssel verwenden, um zu kontrollieren, dass das Wasser nicht kocht.

◆ Das Wasser soll die Schüssel nicht berühren.

◆ Um bestmögliche Ergebnisse zu erzielen, die Schokolade langsam schmelzen.

◆ Die Schüssel, in der die Schokolade geschmolzen wird, nicht abdecken; das sich bildende Kondenswasser könnte in die Schokolade tropfen und sie ruinieren.

◆ Das Innere der Mikrowelle vor dem Schokoladeschmelzen unbedingt trockenreiben.

◆ Milchschokolade und weiße Schokolade besonders aufmerksam beobachten, da diese schneller als dunkle Schokolade anbrennen und sich zersetzen.

◆ Beim Schmelzen von Schokolade zusammen mit Flüssigkeiten darauf achten, dass ausreichend Flüssigkeit zugegeben wird – mindestens 1 Esslöffel Flüssigkeit auf 60 g Schokolade.

◆ Bei Beginn der Zubereitung müssen alle Zutaten Zimmertemperatur haben.

Was tun, wenn Schokolade klumpig wird?

◆ Schokolade, die klumpig oder körnig geworden ist, kann gerettet werden, indem ein bis zwei Teelöffel Pflanzenöl untergerührt werden, bis die Schokolade wieder glatt ist.

Gibt es eine Möglichkeit, Schokolade zu retten, wenn sie angesetzt hat oder angebrannt ist?

◆ Wenn Schokolade direkter Hitze ausgesetzt ist oder im Wasserbad zu schnell zu heiß wird, brennt sie an. Ist erst der Geschmack der Schokolade in Mitleidenschaft gezogen, kann die Schokolade nicht mehr gerettet werden.

Was tun, wenn die Schokolade vorschriftsmäßig mit der vorgeschriebenen Menge an Flüssigkeit geschmolzen wurde, nicht angebrannt ist – und sich trotzdem zersetzt?

◆ Körnig und fest gewordene Schokolade kann manchmal dadurch gerettet werden, dass zur Auflockerung zusätzliche Flüssigkeit beigegeben wird. Das Wasser oder die andere Flüssigkeit sollte dieselbe Temperatur haben wie die Schokolade und sollte teelöffelweise hinzugefügt werden. Immer den ganzen Teelöffel auf einmal zugeben und kräftig rühren. Falls nötig, den Vorgang wiederholen.

DAS VORBEREITEN VON SCHOKOLADE FÜR DEKORATIONEN

Wofür benötigt man temperierte Schokolade? Was passiert, wenn man sie nicht temperiert?

◆ Es ist nicht erforderlich, Schokolade zu temperieren, wenn sie für die Alltagsküche gebraucht wird. Temperierte Kuvertüre ist unerlässlich, um Pralinen und Schokoladendekorationen eine glänzende Oberfläche und somit den professionellen Touch zu verleihen. So können Pralinen auch bei Zimmertemperatur aufbewahrt werden, ohne ihren appetitlichen Glanz zu verlieren.

◆ Untemperierte Kuvertüre eignet sich nicht für Glasuren, da sie beim Erstarren stumpf und streifig wird.

Ist es dennoch möglich, untemperierte Kuvertüre zum Dekorieren oder Überziehen von Pralinen zu verwenden?

◆ Ja, wenn man die Kuvertüre mit gleichen Teilen Schokotortenguss mischt. Diese Alternative erfordert wenig Zeitaufwand, die Oberfläche wird damit jedoch nicht so knackig wie beim Temperieren.

Beim Herstellen von Schokoladelocken splittert die Schokolade und lässt sich nicht in Locken schneiden – was nun?

◆ Das bedeutet, dass die Schokolade zu hart ist. Die Schokolade mit einem Föhn (unterste Stufe) einige Sekunden lang anwärmen und nochmals probieren.

Beim Herstellen von Schokoladelocken schmilzt die Schokolade und bleibt am Spachtel kleben – was nun?

◆ Das bedeutet, dass die Schokolade zu weich ist. Die Schokolade für 30–60 Sekunden in den Kühlschrank legen, damit sie etwas fester wird, und nochmals probieren.

Der Kühlschrank – wann ist es ratsam, auf ihn zurückzugreifen, und wann nicht?

◆ Mit untemperierter Schokolade hergestellte Dekorationen oder Pralinen direkt nach der Fertigstellung in den Kühlschrank legen. Dadurch werden die Fettkristalle »gefroren«, und es wird verhindert, dass die Oberfläche stumpf wird.

◆ Bei glasierten Torten und Kuchen, die nach der Fertigstellung bei Zimmertemperatur aufbewahrt wurden, leidet das Aussehen, wenn sie später noch in den Kühlschrank gestellt werden. Durch das Kühlen zieht sich die Glasur zusammen, wird hart und stumpf.

DAS VORBEREITEN VON BACKFORMEN

Beim Kuchenbacken ist es wichtig, dass die richtige Backform in der richtigen Größe verwendet wird. Durch das Vorbereiten der Backform kann man den Kuchen leichter aus der Form herauslösen, ohne dass er hängen bleibt. Unregelmäßig geformte Backformen sollten doppelt mit Butter eingefettet und danach mit Mehl bestäubt werden. Andere Formen können mit Backpapier mit Antihaftbeschichtung ausgekleidet werden oder mit fettdichtem Papier, das mit Butter eingefettet wurde.

─────── **NÜTZLICHE TIPPS** ───────
Backformen sollten grundsätzlich sauber und trocken sein. Das Einfetten der Backform vor dem Auskleiden mit Antihaftpapier verhindert das Verrutschen des Papiers.

1 Das Innere der Backform gleichmäßig mit Butter auspinseln. Einen Streifen Antihaft-Backpapier für die Seiten der Form so zuschneiden, dass das Papier leicht überlappt und oben 5 cm übersteht.

2 Eine Längsseite des Antihaft-Papierstreifens 2,5 cm einschlagen und falzen. Das Papier wieder auseinander falten und entlang des Falzes im Abstand von jeweils 2–3 cm einschneiden.

3 Den Papierstreifen mit der eingeschnittenen Seite nach unten so in die Backform legen, dass sich der eingeschnittene Rand dem Boden der Form anpasst. Das Papier gut in die eingefettete Form drücken, damit es fest am Innenrand der Form haftet.

4 Die Form auf einen weiteren Bogen Antihaft-Backpapier stellen und mit einem Bleistift auf dem Papier den Umriss der Backform nachzeichnen. Den Kreis innerhalb der Bleistiftlinie ausschneiden, damit das Papier genau in die Backform passt.

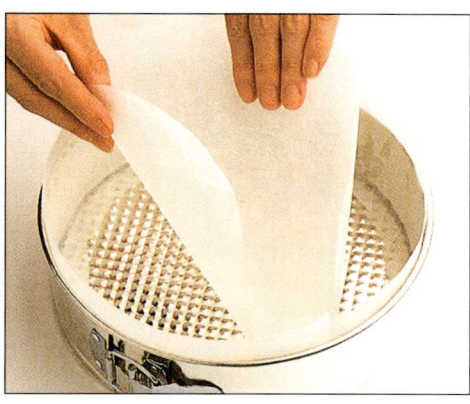

5 Den Papierkreis fest am Boden der Form andrücken und glatt streichen; dabei darauf achten, dass sich der eingeschnittene Rand des Seitenstreifens darunter befindet. Wenn fettdichtes Backpapier verwendet wird, dieses noch einmal mit geschmolzener Butter bestreichen.

DAS RÖSTEN UND SCHÄLEN VON HASELNÜSSEN

Haselnüsse scheinen eine besondere Affinität zu Schokolade zu besitzen und treten daher in diesem Buch in so manchem Rezept gemeinsam mit ihr auf. Durch das Rösten der Haselnüsse können die pergamentartigen Häute schnell und einfach entfernt werden.

1 Den Ofen auf 180 °C (Gasherd Stufe 2–3) vorheizen. Die Nüsse auf einem Backblech verteilen. 8 Minuten lang rösten.

2 Die heißen Nüsse auf ein Tuch schütten. Das Tuch über den Nüssen zusammenschlagen und damit sorgfältig die Häute von den Nüssen reiben. Abkühlen lassen.

Dekorieren mit Schokolade

Gerade die kreativen Kleinigkeiten – Schokoladenlöckchen, Fächer, Bänder, Blüten und Blätter, Bögen, Wellen und filigrane Ornamente – verleihen Schokoladentorten, Desserts, kleinen Kuchen und Plätzchen das gewisse Etwas, das sie so dekorativ und einzigartig macht. In diesem Kapitel erfahren Sie, wie Sie viele verschiedene Arten von Dekorationen mit professionellem Kniff herstellen können, angefangen bei einfachen, aber effektvollen Verzierungen aus geschmolzener Schokolade bis hin zu kunstvollem Schmuckwerk aus Spritzglasur – mit Federmuster, Marmorierung oder anderem Dekor. Den eindrucksvollen Abschluss des Kapitels bilden Anleitungen zur Herstellung und Verwendung von Füllungen und Überzügen, die die Grundlage für zahlreiche Dekorationen darstellen.

Marmorierte Schokoladeneier
(Rezept Seite 129)

Kreative Dekorationen

Dekorationen aus Schokolade ergänzen jedes Dessert und jeden Kuchen aufs schönste und geben gleichzeitig die Gelegenheit, Schokolade in Vollendung zu präsentieren. Die hier gezeigten Dekorationselemente, sie alle finden Verwendung in den Rezepten dieses Buches, ermöglichen eine große Vielfalt phantasievoller Gestaltungen – von einfach bis anspruchsvoll.

Für ausgefeilte Dekorationen wie filigrane Formen aus Spritzglasur und marmorierte Wellen braucht man Übung. Wieder andere, wie beispielsweise geschnittene Formen und Blätter, sind auch für den Schokoladen-Neuling gut zu bewältigen. Nehmen Sie sich am besten einmal einen freien Nachmittag zum Üben. Beginnen Sie immer mit Schokolade, die zwar hart ist, aber Zimmertemperatur hat, denn kalte Schokolade splittert leicht, und zu weiche Schokolade neigt zum Kleben. Mit Probeversuchen verschwenden Sie keine teure Schokolade, da misslungene Experimente einfach wieder zurück in die Schmelzschüssel wandern und erfolgreich vollendete Dekorationen für einige Tage oder gar Wochen aufbewahrt werden können, bis sie gebraucht werden. Die meisten Dekorationen können in einem luftdichten Behälter im Kühlschrank aufgehoben oder zwischen Lagen von fettdichtem Papier eingefroren werden. Größere Teile wie Körbchen, Wellen und lange Späne in Folie wickeln, bevor sie in den Behälter gelegt werden.
Dekorationen aus Milchschokolade und weißer Schokolade halten sich im Kühlschrank zwei Wochen lang; Dekorationen aus Kuvertüre oder dunkler Schokolade sind vier Wochen lang haltbar.

SCHOKOLADEN-RASPEL

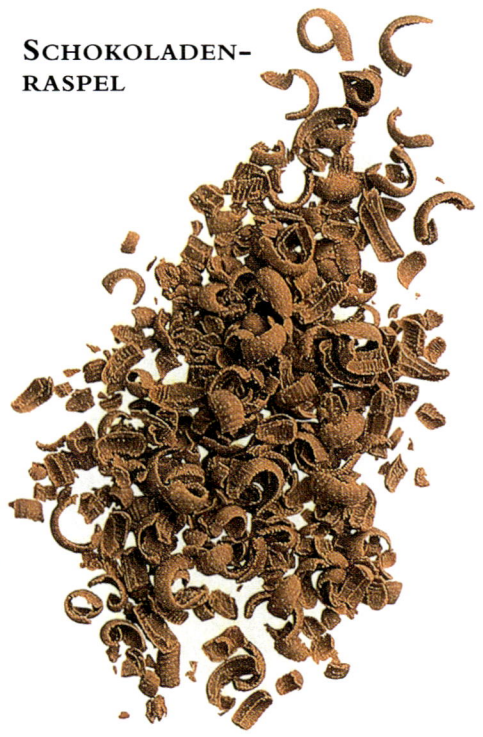

Schokoladenraspel sind eine einfach herzustellende Dekoration.

1 Suchen Sie sich der besseren Handhabbarkeit wegen ein großes Stück Schokolade zum Raspeln aus. Kühlen Sie es vor dem Raspeln kurz im Kühlschrank, damit es härter wird. Haben Sie sehr warme Hände, nehmen Sie ein Stück Papier zum Anfassen.

2 Raspeln Sie die Schokolade auf der groben Reibe, wie im Bild dargestellt. Reiben Sie sie auf einen Teller oder auf fettdichtes Papier.

Hinweis: Sie können auch eine Küchenmaschine mit einem Raspeleinsatz verwenden. Brechen Sie die Schokolade in Stücke, und geben Sie sie über den Einfüllschacht in die bereits laufende Maschine.

SCHOKOLADENLÖCKCHEN

Breite Löckchen gelingen mit der flachen Unterseite des Sparschälers.

Im Kühlschrank zwischen Lagen von fettdichtem Papier aufbewahren.

Mit einem Sparschäler sind die Löckchen im Nu fertig.

1 Nehmen Sie ein großes, dickes Stück Schokolade, das Zimmertemperatur hat. Schaben Sie mit einem scharfen Sparschäler mit beweglicher Klinge an der Längsseite der Schokolade entlang. Für schmale Löckchen nehmen Sie nur eine der Ecken des Sparschälers.

2 Wenn die Löckchen splittern oder brechen, ist die Schokolade zu kalt. Reiben Sie die Schokolade mit dem Daumen, um sie weicher zu machen. Wird sie zu weich, legen Sie sie kurz in den Kühlschrank.

Hinweis: Auch der auf die Schokolade ausgeübte Druck wirkt sich auf die Größe der Löckchen aus. Durch stärkeren Druck erhalten Sie größere, robustere Locken.

SCHOKOLADENSPÄNE

Zur Herstellung von Schokoladenspänen braucht man ein Messer mit langer Klinge.

1 Schokolade auf einem Brett aus Acryl gleichmäßig verstreichen (Seite 34). Erstarren lassen.

2 Das Brett mit dem Körper abstützen. Beginnend etwa 5 cm vom Rand der oberen linken Ecke des Bretts, das Messer im Winkel von 45° auf sich zu bewegen und dabei die Schokolade zu einem Schokoladenspan schaben, wie auf dem Foto oben gezeigt.

3 Die einzelnen Späne mit der Klinge vom Brett heben, wenn sie fertig sind.

Hinweis: Für gestreifte Schokoladenspäne verschiedenfarbige Schokoladestreifen nebeneinander auf das Brett streichen.

SCHOKOLADENLOCKEN

Schokoladen-fächer

Schokoladenlocken werden mit einem Metall-spachtel hergestellt.

1 Auf eine Arbeitsfläche eine dünne Lage Schokolade auftragen (Seite 34). Bei Zimmertemperatur gut fest werden lassen.

2 Mit der Seite (2–3 cm Rand freilassen) beginnen, die am nächsten liegt. Den Spachtel im Winkel von 25° von sich weg über das Brett drücken, bis sich eine große Locke gebildet hat, wie auf dem Foto oben gezeigt. Die einzelnen Locken mit dem Spachtel vom Brett heben, wenn sie fertig sind.

3 Um Schokoladenfächer zu formen, die Schokolade mit dem Spachtel von sich weg schaben, dabei mit der einen Ecke des Spachtels in der Vorwärtsbewegung in einen spitzen Winkel von etwa 10° übergehen.

SCHOKOLADENBLÄTTER

Diese Dekoration wird mit Hilfe von echten Blättern hergestellt.

1 Biegsame Blätter mit gut sichtbaren Blattrippen auswählen, wie beispielsweise Rosenblätter. Es ist wichtig, dass die Blätter frei von Chemikalien, gesäubert und trocken sind.

2 Das Blatt am Stiel festhalten und die geschmolzene Schokolade mit einem kleinen Mal- oder Backpinsel auf die Unterseite des Blattes auftragen, wie auf dem Foto oben gezeigt. Aufpassen, dass die Schokolade nicht über die Blattränder hinausläuft, da dies später das Abziehen des Blattes erschwert.

3 Mit der Schokoladenseite nach oben auf ein beschichtetes Backpapier legen und bis zum Erstarren in den Kühlschrank stellen. Das Blatt vom fertigen Schokoladenblatt abziehen.

SCHOKOLADENBÄNDER

Spritzglasurlinien aus weißer Schokolade zieren diese Schokoladenbänder, die auch für die Hochzeitstorte (Seite 66–67) verwendet werden.

Längere Bänder können mit Hilfe einer Eierschachtel in Form gebogen werden

Schokoladenbänder werden gewellt, lässt man sie über einem Nudelholz erstarren.

1 Antihaft-Backpapier in den Maßen der Schokoladenbänder zuschneiden.

2 Für etwa ein Dutzend Bänder (jeweils 1,5 cm breit und 15 cm lang) rechnet man 125 g geschmolzene Schokolade.

3 Die Papierstreifen an beiden Enden festhalten und nur mit der Unterseite in die geschmolzene Schokolade tauchen.

4 Den Streifen mit der Schokoladenseite nach oben über ein Nudelholz legen, damit er in Form einer Welle erstarrt. Die Enden langer Bänder kann man mit Hilfe der Einteilungen in Eierschachteln nach oben biegen. Nach dem Erstarren das Papier abziehen.

SCHOKOLADENWELLEN

Mit Hilfe chinesischer Essstäbchen entstehen Schokoladenwellen.

1 Luftkissenfolie oder Backpapier in Breite der Schokoladenwellen zuschneiden.

2 Für eine Welle von etwa 23 × 30 cm rechnet man 60 g geschmolzene Schokolade. Drei chinesische Essstäbchen in kurzen Abständen parallel zueinander auf die Arbeitsfläche legen. Mit Klebeband befestigen.

3 Folie oder Papier dick mit geschmolzener Schokolade bestreichen und über die Essstäbchen legen; ein Ende mit Klebeband an der Arbeitsfläche befestigen.

4 Erstarren lassen; direkt vor der Verwendung vorsichtig die Plastikfolie oder das Papier abziehen.

SCHOKOLADENKÖRBCHEN

Mit einer kleinen Winkelpalette lässt sich die geschmolzene Schokolade leicht glatt streichen.

So kommen die Schokoladenkörbchen zu ihrer hübschen Form.

1 Luftkissenplastikfolie oder Backpapier in vier Quadrate à 12 cm schneiden.

2 Für vier Körbchen 125 g Schokolade schmelzen. Die Quadrate mit jeweils etwas Abstand zum Rand dünn mit geschmolzener Schokolade bestreichen.

3 An den freien Enden hochheben und – wie auf dem Foto oben gezeigt – behutsam in kleine, flache Schälchen, Stielgläser oder Gläser mit weiter Öffnung hineinlegen.

4 Diese bis zur weiteren Verwendung in den Kühlschrank stellen. Die fertigen Schokoladenkörbchen vorsichtig von der Folie oder dem Papier ablösen.

GESCHNITTENE FORMEN

Das Backpapier langsam von der Schokolade abziehen.

Mit einem scharfen Messer ist das Schneiden der Schokolade kein Problem.

1 Dunkle Schokolade schmelzen. Zwei Stücke Backpapier in der Größe des Arbeitsbretts zuschneiden.

2 Das eine Stück auf das Arbeitsbrett legen und gleichmäßig mit einer etwa 1,5 mm dicken Schicht geschmolzener Schokolade bestreichen.

3 Bei Zimmertemperatur abkühlen lassen. Wenn die Schokolade fest geworden ist, das Arbeitsbrett mit der Schokolade auf das zweite Stück Backpapier stürzen.

4 Das Papier von der Schokolade abziehen. In die gewünschten Formen zurechtschneiden, wie auf dem Foto oben gezeigt.

SCHOKOLADENSCHACHTELN

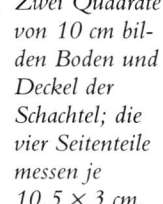

Zwei Quadrate von 10 cm bilden Boden und Deckel der Schachtel; die vier Seitenteile messen je 10,5 × 3 cm.

Die Schachtel wird mit geschmolzener Schokolade zusammengeklebt.

1 Für die marmorierte Schokoladenschachtel (auf den Seiten 122 und 123 mit Trüffeln gefüllt abgebildet) benötigt man 150 g dunkle und 60 g weiße Schokolade.

2 Die dunkle Schokolade schmelzen und dünn auf ein Stück Backpapier (18 × 23 cm) auftragen. Das Marmorieren mit weißer Schokolade wird auf Seite 47 erklärt.

3 Die Schokolade an den Seiten begradigen und wie oben angegeben zuschneiden. Die beim Begradigen entstandenen Schokoladenreste schmelzen. Mit der geschmolzenen Schokolade die Außenkanten des Bodenquadrats einpinseln. Die Seitenteile an das Bodenquadrat kleben.

WELLENMUSTER

Mit einer Gabel Wellenlinien zeichnen.

Bei dieser Verzierung wurde die Spritzglasurtechnik (Seite 46) angewandt.

Eine Gabel verwandelt geschmolzene Schokolade in Wellen.

1 Mit einem Zackenschaber oder einer Gabel gelingen attraktive Verzierungen wie zum Beispiel bei Florentinern (Rezept Seite 84).

2 Dunkle Schokolade, Milchschokolade oder weiße Schokolade schmelzen. Besonders effektvoll ist temperierte Kuvertüre.

3 Das Plätzchen zwischen Daumen und Zeigefinger halten und die eine Seite in die geschmolzene Schokolade tauchen.

4 Mit der Schokoladenseite nach oben auf einen Gitterrost legen. Wenn die Schokolade leicht erstarrt ist, den Zackenschaber oder die Gabel in Wellenbewegungen durch die Schokolade ziehen.

DAS HERSTELLEN EINER SPRITZTÜTE

Geschmolzene Schokolade und flüssige Glasuren können problemlos mit einer selbst gebastelten Spritztüte aus Papier aufgetragen werden. Damit der Schokoladenfluss gut kontrolliert werden kann, nur eine winzige Öffnung in die Spitze der Tüte schneiden.

1 Ein längeres Stück fettdichtes Papier abrollen. Eine Ecke zur gegenüberliegenden Seite ziehen und falten. Das entstandene gleichschenklige Dreieck von der Papierrolle abschneiden.

2 Das Dreieck halbieren und falten. Mit der langen Seite zu sich hin auf eine glatte Fläche legen. Die spitze Ecke zur Rechten nach oben auf die Spitze des Dreiecks legen.

3 Anschließend zweimal linksherum bis zur linken Ecke falten. Die so entstandene Tüte auseinander drücken. Die obere Spitze zur Sicherheit nach außen um den Rand schlagen und falten.

4 Die Tüte öffnen und vorsichtig mit Glasur füllen. Am besten lässt sich die Tüte handhaben, wenn sie nur bis zur Hälfte gefüllt wird.

5 Den oberen Rand umknicken und die Ecken einschlagen. Unmittelbar vor der Verwendung die Spitze abschneiden. Die Tüte aufrecht halten, damit die Glasur nicht ausläuft.

SCHOKOLADENORNAMENTE

Der Mustervielfalt mit Schokoladenspritzglasur sind keine Grenzen gesetzt.

Schokoladenornamente auf Backpapier

1 Mehrere einfache Muster auf Backpapier aufzeichnen. Das Backpapier umdrehen und auf ein Backblech legen.

2 Eine Spritztüte aus Papier bis zur Hälfte mit abgekühlter, aber noch flüssiger geschmolzener Schokolade füllen. Die Tüte verschließen und von der Spitze ein kleines Stück abschneiden.

3 An den aufgezeichneten Mustern entlang mit gleichmäßigem Fluss die Schokoladenspritzglasur auftragen, wie auf dem Foto oben gezeigt.

4 Die Schokoladenornamente erstarren lassen, dann mit einer Palette behutsam vom Backpapier abheben.

SCHOKOLADENBÖGEN

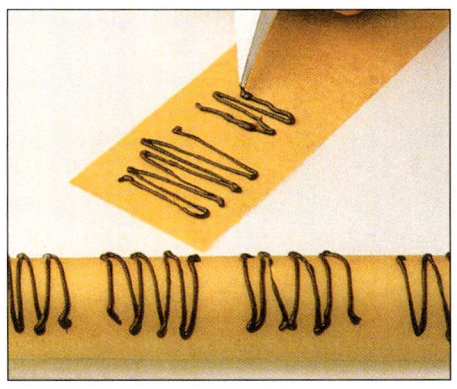

Schokoladenbögen aus Spritzglasur

1 Dunkle Schokolade schmelzen und abkühlen lassen, bis sie auf der Rückseite eines Löffels schnell erstarrt. Eine Spritztüte aus Papier zur Hälfte damit füllen, verschließen und die Spitze abschneiden.

2 Auf einen Streifen Antihaft-Backpapier spitzbogenförmige Konturen spritzen.

3 Vorsichtig den Streifen Backpapier anheben und, wie auf dem Foto oben, über ein Nudelholz breiten. Das Papier mit einem Klebestreifen am Nudelholz befestigen.

4 Die Schokolade erstarren lassen. Den Streifen Backpapier vom Nudelholz und anschließend die fertigen Schokoladenbögen sorgfältig vom Papier lösen.

FEDERMUSTER

Aus Linien werden dekorative Federn.

1 Eine kleine Menge weißer Schokolade schmelzen und abkühlen lassen, bis sie auf der Rückseite eines Löffels schnell erstarrt. Eine Spritztüte aus Papier zur Hälfte damit füllen, verschließen und die Spitze abschneiden.

2 Einen Kuchen oder Kekse mit geschmolzener dunkler Schokolade glasieren.

3 Während die Schokolade noch feucht ist, mit der geschmolzenen weißen Schokolade parallele Linien in immer gleichem Abstand zueinander auf die dunkle Schokolade spritzen.

4 Die Spitze eines Zahnstochers durch die weißen Schokoladenlinien ziehen – erst in die eine, dann in die entgegengesetzte Richtung, wie auf dem Foto oben gezeigt.

MARMORIERUNG

Die Marmorierung ist in diese Schokoladenwelle (Seite 44) eingebettet.

Marmorieren mit einem Zahnstocher

1 Eine kleine Menge weißer Schokolade schmelzen und abkühlen lassen, bis sie auf der Rückseite eines Löffels schnell erstarrt. Eine Spritztüte aus Papier zur Hälfte damit füllen, verschließen und die Spitze abschneiden.

2 Dunkle Schokolade schmelzen und auf einem Stück Backpapier verteilen. Dabei ringsum einen Rand frei lassen.

3 Während die dunkle Schokolade noch feucht ist, mit der weißen Schokolade lang gezogene Schleifen über die gesamte Breite spritzen.

4 Die Spitze eines Zahnstochers so durch die Linien aus weißer Schokolade ziehen, dass Wirbel entstehen.

GEFORMTE BLÜTEN

Diese Rose besitzt Blätter aus Schokoladenmarzipan (Seite 76).

Die Rosenblätter werden um einen Kegel aus Schokoladenmarzipan herum angeordnet.

1 Entweder fertige Schokoladenmasse zum Modellieren oder Schokoladenmarzipan (Seite 76) verwenden. Als Rosenherz einen kleinen Kegel von 2–3 cm Länge formen.

2 Erbsengroße Stücke von der Modelliermasse abbrechen und zwischen Daumen und Zeigefinger flach drücken, so dass Blütenblätter entstehen, dabei behutsam die Ränder nach außen biegen. Nicht alle Blütenblätter gleich groß machen.

3 Die Blütenblätter nacheinander um den Kegel legen und andrücken. Sie sollen sich überlappen. Die größeren Blütenblätter zum Schluss nehmen und so die Rose vollenden.

DAS FÜLLEN DES SPRITZBEUTELS

Für geschlagene Sahne und dicke Buttercremes nimmt man am besten einen Nylon-Spritzbeutel mit Tülle. Mit einer mittleren Sterntülle ist man hierbei immer gut beraten.

Um eine Rosette zu spritzen, den Spritzbeutel aufrecht halten und in einer kreisförmigen Bewegung einen Wirbel formen, der in einer Spitze endet.

1 Die Tülle in den Spritzbeutel einsetzen und gut festdrücken. Den Beutel in der Mitte halten und die obere Hälfte über die Hand stülpen.

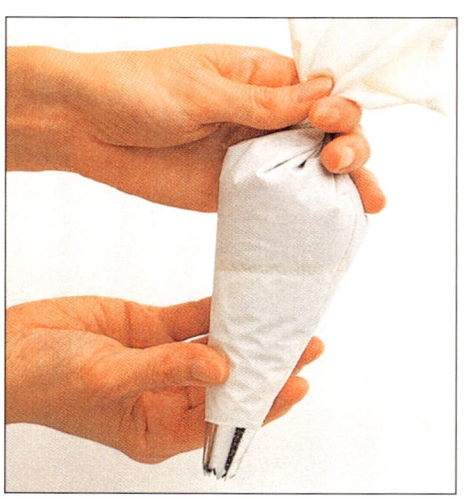

2 Den Spritzbeutel zur Hälfte füllen, dabei die Füllung fest nach unten drücken. Den Stoff des Spritzbeutels direkt über der Füllung zusammenzwirbeln.

Seilmuster　　　　　　*Muschelmuster*

Beim Spritzen von Creme oder Glasur den Spritzbeutel leicht von oben her drücken.

3 Vom oberen Ende des Spritzbeutels her gleichmäßig festen Druck ausüben. Wenn die Masse im Spritzbeutel weniger wird, den Beutel immer weiter zusammenzwirbeln.

Füllungen und Glasuren

Durch eine spiegelglatte Glasur wird ein einfacher Kuchen zum eleganten Abschluss des perfekten Menüs – oder zum strahlenden Mittelpunkt der Kaffeetafel. Eine simple Glasur lässt den Kuchen glänzen wie im Rampenlicht: Die schimmernde Oberfläche wird zur Bühne für Ihre Dekorationskünste! Mit Hilfe der hier erklärten Techniken gelingen Ihnen makellose Glasuren und köstliche Füllungen.

DIE HERSTELLUNG EINER GLASUR

Durch das Überziehen von Kuchen und Torten mit einer Glasur wie zum Beispiel der Schokoladenglasur auf Seite 136 erhalten diese eine elegant glänzende, spiegelglatte Oberfläche. Die Glasur kann direkt auf den Kuchen gegossen werden, wie beispielsweise beim Kumquat-Schokoladenkuchen auf Seite 68. Die Oberfläche wird noch etwas glatter und feiner, wenn der Kuchen zuerst mit abgekühlter, leicht erstarrter Glasur ummantelt wird und anschließend mit der nochmals erwärmten Mischung eine zweite Glasur erhält, wie der Schoko-Haselnuss-Kuchen auf Seite 70.

1 Die Schokolade in Stücke brechen und zusammen mit Butter und Sirup (Rezept Seite 136) in einem Wasserbad über heißem, aber nicht kochendem Wasser langsam zum Schmelzen bringen.

2 Vom Herd nehmen und abkühlen lassen, bis die Glasur streichfähig geworden ist. Sie hat die richtige Temperatur, wenn sich auf der Rückseite eines in die Glasur getauchten Löffels schnell ein glatter Überzug bildet.

DIE ZWEIFACHE GLASUR

Die erste Glasur ebnet der zweiten Glasur im wahrsten Sinne des Wortes den Weg: Sie sorgt für einen wunderbar glatten Untergrund und verhindert, dass Teigkrümel sich lösen können.

1 Die Glasur abkühlen lassen, bis sie streichfähig geworden ist (auf der Rückseite eines in die Glasur getauchten Löffels sollte sich schnell ein glatter Überzug bilden). Mit etwa einem Viertel der Glasur den Kuchen mithilfe einer Palette bestreichen.

2 Die Glasur fest werden lassen; die restliche Glasur erneut erwärmen und auf die Oberfläche gießen.

Die Glasur erneut erwärmen, bis man sie als zweite Glasur auf den Kuchen gießen kann.

Den Kuchen auf einen Gitterrost setzen, unter dem ein großer Teller steht, damit heruntertropfende Glasur aufgefangen werden kann. Glasurreste können problemlos wieder aufgewärmt und weiterverwendet werden.

CANACHE-CREME

Der Klassiker unter den Schokoladencremes – das Grundrezept finden Sie auf Seite 136 – ist vielseitig verwendbar: als herrlich üppige Füllung und als Überzug für Cremetorten, Biskuitrollen, Brandteiggebäck und Meringen. Nach dem Rezept auf Seite 136 kann auch eine Sauce zubereitet werden. Die Sahne und die Schokolade sollten dabei nur so lange gerührt werden, bis sie sich vollständig vermischt haben. Die hier beschriebene Zubereitungsart – ebenfalls mit 300 g Schokolade und 300 ml Sahne – eignet sich nicht für die Herstellung einer Sauce.

1 Die Schokolade schmelzen (Seite 33) und abkühlen lassen. Die Sahne leicht aufschlagen, bis sie kleine Spitzen bildet. Gut einen Esslöffel davon in die abgekühlte geschmolzene Schokolade einrühren.

2 Die Schokoladenmischung unter die restliche geschlagene Sahne ziehen. Die Canache-Creme sollte am besten gleich verwendet werden. Sie reicht für das Füllen und Überziehen einer zweilagigen Torte.

SCHOKOLADENGLASUR

Es gibt zahlreiche Rezepte für Schokoladenglasuren. Die Zubereitungsmethoden sind dabei unterschiedlich, das Rezept bleibt jedoch mehr oder weniger immer dasselbe. Das Grundrezept in diesem Buch enthält zu gleichen Teilen Schokolade und Sahne, dazu Butter für einen seidigen Glanz. Es wird für die Schoko-Fudge-Torte mit Pekannüssen auf Seite 56 verwendet; fügt man statt Butter Milch hinzu, erhält man eine leichtere Konsistenz, wie bei der Schoko-Himbeer-Rolle mit Mandelbiskuit auf Seite 63. Die üblichen hier für das Füllen und Glasieren einer Torte verwendeten Mengen sind 350 g Schokolade, 350 g Schlagsahne und 50 g Butter.

1 Die Schokolade in gleichmäßige Stücke brechen und in eine Schüssel geben. Die Schlagsahne zum Kochen bringen und über die Schokoladenstückchen gießen. Behutsam vermischen.

2 Die Butter in kleine Würfel schneiden und unter die Masse rühren. Die Mischung mit einem hölzernen Kochlöffel oder einem Schneebesen rühren, bis sie streichfähig ist.

DAS SCHNEIDEN VON TORTENBÖDEN

Die gebackene Torte auf eine glatte, ebene Arbeitsfläche legen. Mit der einen Hand die Torte festhalten. Die Torte horizontal mit einem scharfen Messer mit langer Klinge und Sägeschliff halbieren. Bei mehreren Lagen mit der obersten beginnen. Die einzelnen Lagen mit Hilfe einer dazwischengeschobenen dünnen Tortenscheibe vorsichtig abheben und auf die Seite setzen.

FÜLLEN UND ÜBERZIEHEN EINER TORTE

1 Mit dem untersten Tortenboden beginnen. Diesen gleichmäßig mit einem Teil der Füllung bis ungefähr 5 mm an den Rand bestreichen. Den zweiten Tortenboden darauf legen und leicht andrücken.

2 Mit einer Palette die Überzugsmasse in einer gleichmäßig dicken Schicht auf den obersten Tortenboden auftragen und von innen nach außen so verstreichen, dass sie an den Seiten etwas herunterläuft.

3 Eine großzügige Portion der Glasur mit der Palette gleichmäßig auf den Seiten der Torte verstreichen, dabei besonders aufpassen, dass sich keine Teigkrümel lösen und mit der Glasur vermischen.

DER TORTENRAND

Während die Überzugsmasse noch feucht ist, kann man den Tortenrand mit Raspelschokolade, gehackten Nüssen oder Krokant verzieren; dabei die Torte auf der Handfläche balancieren und über den Teller mit der Dekoration halten. Die Dekoration mit einer großen Palette leicht an den Tortenrand andrücken, damit sie gut haften bleibt.

DIE HERSTELLUNG VON MANDELKROKANT

1 Für den Mandelkrokant 100 g Kristallzucker und 100 g ganze, ungeschälte Mandeln abwiegen.

2 Eine Arbeitsfläche aus Marmor mit Öl bestreichen. Mandeln und Zucker in eine kleine, schwere Kasserolle geben. Bei niedriger Temperatur erhitzen, bis der Zucker zu schmelzen beginnt.

3 Bei niedriger Temperatur weiterkochen, bis der Zucker karamellisiert und eine tiefgoldene Färbung annimmt; dabei gelegentlich mit einem hölzernen Kochlöffel umrühren. Die Mandeln sollten beim Rösten leicht krachen.

4 Den Krokant schnell auf die vorbereitete Marmorfläche geben, darauf verstreichen und aushärten lassen.

5 Den Krokant von der Marmorfläche ablösen und in Stücke brechen. Die gewünschte Konsistenz – je nach Verwendungszweck grob oder fein – erhält der Krokant, wenn er anschließend in der Küchenmaschine oder im Mixer weiter zerkleinert wird.

6 Der Krokant hält sich einige Wochen lang in einem gut schließenden Behälter bei Zimmertemperatur.

DEKORATIVER ZACKENRAND

Nach dem Überziehen einer Torte mit weicher Crememasse kann man mit dem Zackenschaber horizontale Linien auf den Tortenrand zaubern. Dazu den Zackenschaber waagerecht halten und mit schneller und zugleich fester Bewegung durch die Creme ziehen. Diese Technik eignet sich nicht für glänzende Glasuren.

Rezepte

Über hundert Rezepte demonstrieren die einzigartigen Eigenschaften der Schokolade als Naschwerk und als vielseitige Zutat beim Backen und Kochen. Es finden sich Rezepte für jede Gelegenheit – von Torten und Gebäck über selbst gemachte Pralinen und spektakuläre Desserts bis hin zu Rezepten für besondere Anlässe wie Geburtstage und Hochzeiten oder Festtage wie Ostern, Weihnachten und Valentinstag. Darunter zahlreiche Klassiker aus amerikanischen und europäischen Landen wie auch Neuschöpfungen der modernen Konditorkunst.

Gâteau Royal
(Rezept Seite 58–59)

Cremetorten

Üppig gefüllte und reich verzierte Cremetorten sind gleichermaßen Augenschmaus wie Gaumenfreude. Auf den folgenden Seiten finden Sie die ganze Palette vom luftig leichten Biskuit des herrlich lockeren Gâteau Royal bis zur tief dunkelbraunen Schoko-Fudge-Torte mit Pekannüssen. Bei manchen Torten werden die Schichten nicht einfach aufeinander gelegt: Während bei den Biskuitrollen die Böden rouladengleich aufgerollt werden, ergibt sich beim Marmor-Pfundkuchen durch teilweises Vermischen von Schokoladen- und Vanilleteig ein Marmoreffekt. Das Kapitel schließt mit der Cremetorte schlechthin: einer mit Bändern geschmückten dreistöckigen Hochzeitstorte.

Schokoladencremetorte

Eine Torte, die sehr schnell und einfach zuzubereiten ist und die zu den Lieblingstorten meiner Familie gehört. Die Torte – ihre Konsistenz ist fest und saftig zugleich – wird in dünne Böden zerteilt, die mit geschlagener Sahne zusammengesetzt werden.

ZUTATEN

Für den Teig

125 g Butter
60 g Kakaopulver, gesiebt
2 Eier
250 g extrafeiner Zucker
1 TL Vanilleextrakt
120 g Weizenmehl
1/2 TL Backpulver
1 Prise Salz

Für Füllung und Dekoration

2 EL Milch
450 ml Schlagsahne
2 EL extrafeiner Zucker
1/2 TL Vanilleextrakt
Dunkle Schokoladenlocken (Seite 43)

1 Die Butter in einer Kasserolle langsam schmelzen lassen, dann das gesiebte Kakaopulver dazugeben und rühren, bis beides gut vermischt ist. Beiseite stellen. Die Eier mit dem Zucker und dem Vanilleextrakt schaumig schlagen. Die Kakao-Butter-Mischung unterrühren.

2 Das Mehl mit dem Backpulver und dem Salz zweimal sieben. Danach das Mehl in drei Portionen über die Eiermasse sieben und jede Portion mit einem Metalllöffel unterziehen. In die vorbereitete Backform geben und im vorgeheizten Ofen 40–45 Minuten backen oder so lange, bis an einem in der Mitte eingestochenen Holzstäbchen nichts mehr hängen bleibt.

3 Mit einem Messer an der Innenseite der Backform entlangfahren und den Kuchen 10 Minuten stehen lassen. Zum vollständigen Abkühlen auf einen Gitterrost stürzen. Nach dem Abkühlen den Kuchen in Folie wickeln und über Nacht in den Kühlschrank stellen. Dies ist zwar nicht unbedingt notwendig, der Kuchen lässt sich danach jedoch besser schneiden.

4 Ist der Kuchen auf Zimmertemperatur abgekühlt, ihn mit einem langen Messer mit Sägeschliff (Seite 50) in 4 gleich große Böden schneiden. Die Tortenböden sind sehr dünn, daher ist es am besten, wenn man sie mit Hilfe zweier Paletten abhebt.

5 Für die Füllung die Milch mit der Schlagsahne schlagen, bis sich weiche Spitzen bilden. Den Zucker und die Vanille unterziehen.

6 Den oberen Tortenboden mit der Schnittfläche nach oben als Boden für die Torte nehmen. Mit einem Teil der Sahne bestreichen. Einen zweiten Tortenboden darauf legen und wiederum mit Sahne bestreichen; den Vorgang mit dem dritten Boden wiederholen. Den Abschluss bildet der letzte Boden (Schnittfläche nach unten). Die Torte vollständig mit der restlichen Sahne bestreichen und mit Schokoladenlocken verzieren.

VARIANTE

Schokocremetorte mit Mandelkrokant
Mandelkrokant nach dem Rezept auf Seite 51 herstellen. 8 Esslöffel Krokant unter zwei Drittel der geschlagenen Sahne ziehen. Einen Boden mit reiner Sahne bestreichen, zwei Böden mit der Krokantsahne. Die Torte außen mit der restlichen Krokantsahne überziehen (Seite 51). Mit Schokoladenlocken verzieren.

Backtemperatur
180 °C/Gas Stufe 2–3

Backzeit
40–45 Minuten

Backform
Runde Kuchenform (20 cm Durchmesser), eingefettet

Ergibt
8–10 Stücke

Haltbarkeit
Ungefüllt und gut eingewickelt 4–5 Tage lang im Kühlschrank haltbar; gefüllt im Kühlschrank 3 Tage lang haltbar

SCHOKOLADENCREMETORTE MIT MANDELKROKANT
Der Mandelkrokant verleiht der Schokoladencremetorte das gewisse Etwas.

Schoko-Fudge-Torte mit Pekannüssen

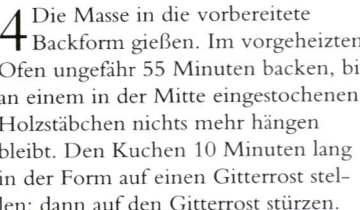

Eine wunderbar üppige, saftige Torte – herrlich mit einem Kleks Creme Anglaise, Vanilleeis oder einfach nur mit geschlagener Sahne garniert. Die Torte sollte Zimmertemperatur haben, wenn sie serviert wird, da sich dann Konsistenz und Geschmack von ihrer Schokoladenseite zeigen.

Ein besonderer Blickfang sind die mit Kakao bestäubten Schokoladenbänder auf der Torte.

ZUTATEN

Für den Teig

150 g dunkle Schokolade
75 g dunkle Schokolade (Kakaoanteil mindestens 70%)
100 g Butter
5 Eier
180 g extrafeiner Zucker
1 TL Vanilleextrakt
100 g Weizenmehl
$^1/_2$ TL Salz
$^1/_2$ TL Backpulver
3 EL saure Sahne oder Buttermilch

Für die Glasur und Dekoration

150 g Pekannüsse
180 g dunkle Kuvertüre
180 g dunkle Kuvertüre (Kakaoanteil mindestens 70%)
350 ml Schlagsahne
50 g Butter, weich
Schokoladenbänder aus dunkler, Milch- und weißer Schokolade
Kakaopulver

1 Für den Teig die beiden dunklen Schokoladensorten mit der Butter schmelzen (Seite 34).

2 Die Eier, den Zucker und die Vanille in einer großen Schüssel über heißem Wasser aufschlagen, und zwar so lange, bis sich das Volumen verdoppelt hat und die Masse eindickt. Die Schokoladenmischung unterrühren.

3 Das Mehl zusammen mit dem Salz und dem Backpulver dreimal sieben. Anschließend in drei Portionen über die Schokoladenmischung sieben und jede Portion vorsichtig unterziehen. Die saure Sahne oder die Buttermilch ebenfalls unterziehen.

4 Die Masse in die vorbereitete Backform gießen. Im vorgeheizten Ofen ungefähr 55 Minuten backen, bis an einem in der Mitte eingestochenen Holzstäbchen nichts mehr hängen bleibt. Den Kuchen 10 Minuten lang in der Form auf einen Gitterrost stellen; dann auf den Gitterrost stürzen.

5 Für die Glasur die Pekannüsse 10 Minuten im Ofen leicht rösten und grob hacken.

6 Die beiden Kuvertüresorten in Stückchen brechen und in eine Schüssel geben. Die Schlagsahne zum Kochen bringen und über die Kuvertüre gießen. Behutsam umrühren, damit sich alles vermischt. Die Butter einrühren. 250 ml davon beiseite stellen und in den Rest die gehackten Pekannüsse rühren. Beide Mischungen schlagen, bis sie eindicken und somit streichfähig sind.

7 Den Kuchen in drei Böden teilen (Seite 50). Einen davon auf eine dünne Tortenscheibe oder eine flache Tortenplatte legen. Mit der Pekannussglasur bestreichen und den zweiten Boden darauf setzen; diesen ebenfalls bestreichen und mit dem dritten die Torte vervollständigen. Die Torte mit der reinen Schokoladenglasur überziehen (Seite 51), mit Schokoladenbändern dekorieren und mit Kakaopulver bestäuben.

Backtemperatur
160 °C/Gas Stufe 1–2

Backzeit
55 Minuten

Backform
Kuchenform (24 cm Durchmesser), eingefettet, mit eingefettetem Antihaft-Backpapier ausgekleidet und mit Mehl ausgestäubt

Ergibt
16 Stücke

Haltbarkeit
Im Kühlschrank 3–4 Tage lang haltbar

Einfrieren
1–2 Monate lang, ungefüllt und ohne Dekoration

Schwarzwälder Kirschtorte

Eine äußerst verführerische Angelegenheit: Schichten von Schokoladenbiskuit wechseln sich ab mit einer unwiderstehlichen Kombination aus Kirschen, Schlagsahne und Kirschwasser. Eine gelungene Dekoration bilden hier frische Kirschen mitsamt ihren Blättern.

ZUTATEN

Für den Teig

8 Eier
200 g extrafeiner Zucker
1 TL Vanilleextrakt
200 g dunkle Schokolade (Kakaoanteil mindestens 70%)
125 ml Wasser
150 g Weizenmehl, gesiebt

Für die Füllung und Dekoration

1 kg frische Kirschen, vorzugsweise Schattenmorellen oder Sauerkirschen, gewaschen und entsteint
90 g Kristallzucker
4 EL Zitronensaft
4 EL Wasser
150 ml Kirschwasser
1¼ l Schlagsahne
2 EL extrafeiner Zucker
Schokoladenspäne aus dunkler Schokolade (Seite 43)
Ganze frische Kirschen und Blätter

1 Die Eier aufschlagen und in eine große, hitzebeständige Schüssel, vorzugsweise aus Kupfer, geben. Nach und nach den Zucker einrieseln lassen und mit einem elektrischen Handrührgerät verquirlen. Die Schüssel über heißes Wasser setzen und 6–8 Minuten schlagen, bis sich das Volumen der Masse verdoppelt hat und sie so dickflüssig geworden ist, dass sie spiralförmig von den Rührern abtropft. Den Vanilleextrakt dazugeben.

2 Die Schokolade mit dem Wasser zusammen schmelzen (Seite 34). Das Mehl in drei Portionen über die Eimasse sieben und jede Portion mit einem großen Metalllöffel vorsichtig unterziehen. Die warme, aber nicht heiße Schokolade ebenfalls unterziehen.

3 Den Teig zu gleichen Teilen auf die vorbereiteten Backformen verteilen und im vorgeheizten Ofen 30–35 Minuten backen

oder so lange, bis an einem in der Mitte eingestochenen Holzstäbchen nichts mehr hängen bleibt. Die Kuchen einige Minuten lang in den Backformen stehen lassen, dann mit einem Messer an der Innenkante der Formen entlangfahren und die Kuchen auf einen Gitterrost stürzen.

4 Für die Füllung die Kirschen in einen Topf geben und den Kristallzucker, den Zitronensaft und das Wasser hinzufügen. Auf kleiner Flamme simmern lassen, bis die Kirschen weich zu werden beginnen. Das dauert ungefähr 5 Minuten (Sauerkirschen brauchen etwas länger). Durch ein Sieb abgießen und den Saft auffangen. Davon 75 ml abmessen, mit 100 ml Kirschwasser vermischen und beiseite stellen.

5 Die Sahne schlagen, bis sich weiche Spitzen bilden, den extrafeinen Zucker untermischen und das restliche Kirschwasser unterziehen.

FERTIGSTELLUNG

1 Jeden der beiden Kuchen halbieren (Seite 50). Einen Boden auf eine dünne Tortenscheibe oder eine flache Tortenplatte legen und mit 3 Esslöffeln Kirschwassersirup beträufeln. Mit einem Sechstel der geschlagenen Sahne bestreichen. Die Hälfte der Kirschen gleichmäßig in die Sahneschicht drücken. Mit einem zweiten Tortenboden bedecken und nach demselben Muster mit Sirup, Schlagsahne und Kirschen fortfahren.

2 Einen dritten Boden darauf legen, mit dem restlichen Kirschwassersirup beträufeln und mit geschlagener Sahne bestreichen. Mit dem letzten Tortenboden bedecken und die Torte vollständig mit der übrigen Schlagsahne überziehen.

3 Zur Dekoration die Schokoladenspäne ringsum in die Schlagsahne drücken und obenauf mit den frischen Kirschen und Blättern garnieren.

4 Vor dem Servieren 2–3 Stunden kühl stellen. In dünne Tortenstücke schneiden. Dazu ein Messer verwenden, das zuerst in heißes Wasser getaucht und dann abgetrocknet wurde.

Backtemperatur
180 °C/Gas Stufe 2–3

Backzeit
30–35 Minuten

Backform
Zwei runde Kuchen- oder Springformen (Durchmesser 22 cm), eingefettet, die Böden mit Backpapier ausgelegt, danach erneut eingefettet und mit Mehl ausgestäubt

Ergibt
12–16 Stücke

Haltbarkeit
Ungefüllt und ohne Dekoration 5 Tage lang im Kühlschrank haltbar. Die fertige Torte ist im Kühlschrank 3 Tage lang haltbar.

Einfrieren
2 Monate lang, ungefüllt und ohne Dekoration

Frische Kirschen schmücken die Torte.

Gâteau Royal

Eine Klasse für sich! Diese elegante Torte ist ein wahrer Klassiker. Lockerer Genueser Biskuit wird abwechselnd mit geschlagener Sahne und einer mousseartigen Schokoladencreme, die die Torte auch umhüllt, aufeinander geschichtet. Großzügige Schokoladenwellen, bestreut mit Blattgold, schmücken als standesgemäße Dekoration diese königliche Torte.

ZUTATEN

Für den Teig

100 g Weizenmehl
50 g Kakaopulver
$^1/_2$ TL Backpulver
1 Prise Salz
4 Eier
150 g extrafeiner Zucker
1 TL Vanilleextrakt
50 g Butter

Für die Glasur

150 g dunkle Kuvertüre
3 Eier, getrennt
100 g Butter, weich
$1^1/_2$ TL Vanilleextrakt
1 Prise Salz

Für die Füllung und Dekoration

150 ml Schlagsahne
1 EL extrafeiner Zucker
Dunkle Schokoladenwellen (Seite 44)
Essbares Blattgold (nach Belieben)

1 Das Mehl, den Kakao, das Backpulver und das Salz in einer Schüssel mischen und dreimal sieben. Beiseite stellen.

2 Die Eier aufschlagen und in eine große, hitzebeständige Schüssel, vorzugsweise aus Kupfer, geben. Nach und nach den Zucker einrieseln lassen und mit einem elektrischen Handrührgerät verquirlen. Die Schüssel über heißes Wasser setzen und 6–8 Minuten lang schlagen, bis sich das Volumen der Masse verdoppelt hat und sie so dickflüssig geworden ist, dass sie spiralförmig von den Rührern abtropft. Den Vanilleextrakt dazugeben.

3 Die Butter schmelzen und beiseite stellen. Die Mehlmischung in drei Portionen über die Eimasse sieben, jede Portion sorgfältig unterziehen. Die Butter ebenfalls unterziehen.

4 Die Masse in die vorbereitete Backform gießen und im vorgeheizten Ofen 35–40 Minuten backen oder so lange, bis sich die Oberfläche des Kuchens bei leichtem Druck elastisch anfühlt. Den Kuchen einige Minuten lang in der Backform stehen lassen, bevor er zum Abkühlen auf einen Gitterrost gestürzt wird.

5 Für die Glasur die Kuvertüre in einer mittelgroßen Schüssel im Wasserbad langsam schmelzen (Seite 33).
Die Eidotter einzeln in die heiße Schokolade einrühren.
Die Butter in kleine Stückchen schneiden und mit der Schokoladenmischung verrühren. Einen Teelöffel Vanilleextrakt hinzufügen. Das Eiweiß mit dem Salz steif schlagen.

Backtemperatur
180 °C/Gas Stufe 2–3

Backzeit
35–40 Minuten

Backform
Springform (22 cm Durchmesser), eingefettet, den Boden mit Backpapier ausgelegt, erneut eingefettet und mit Mehl ausgestäubt

Ergibt
8–10 Stücke

Haltbarkeit
Im Kühlschrank 2–3 Tage lang haltbar

Einfrieren
2 Monate, ungefüllt und ohne Dekoration

Vorbereitungsmöglichkeit
Die Torte 2 Tage im Voraus backen, eingewickelt im Kühlschrank aufbewahren, dann füllen und dekorieren

Die Torte wird
von einer gehaltvollen
Glasur auf Ei-Basis
umhüllt.

6 Zur Lockerung einen gehäuften
Esslöffel des Eischnees unter die
Schokoladenmischung ziehen.
Anschließend behutsam das restliche
Eiweiß unterheben.

7 Für die Füllung die Sahne schlagen,
bis sich weiche Spitzen bilden.
Dann den Zucker und den übrigen
Vanilleextrakt unterziehen. Bis zur
Verwendung kühl stellen.

FERTIGSTELLUNG

1 Die Torte in drei Böden teilen
(Seite 50). Den untersten Boden auf
eine dünne Tortenscheibe oder Tortenplatte setzen und ein Drittel der
Glasur gleichmäßig darauf verteilen.
Den zweiten Tortenboden darauf legen
und mit der geschlagenen Sahne
bestreichen. Mit dem letzten Boden
abdecken.

2 Die Torte mit der restlichen Glasur
überziehen. Mit den Schokoladenwellen und nach Belieben mit essbarem
Blattgold dekorieren.

Sprenkel von
Gold glitzern
auf der
Schokolade.

GÂTEAU ROYAL
*Phantasievoll dekoriert ist diese
luftig lockere Torte der strahlende
Mittelpunkt einer gelungenen Feier.*

Devil's Food Cake

Diese köstliche Torte, ihre Glasur ist mit Fruchtsaft aromatisiert, ist in den Vereinigten Staaten ein wahrer Klassiker.

ZUTATEN

Für den Teig

100 g dunkle Schokolade, zerkleinert (Seite 32)

275 g Weizenmehl

2 1/2 TL Backpulver

1 TL Natron

1/2 TL Salz

250 g Butter, weich

400 g weicher brauner Zucker (dunkel)

2 TL Vanilleextrakt

3 Eier

125 ml Buttermilch

250 ml kochendes Wasser

Für die Glasur

300 g Puderzucker

2 Eiweiß

1 EL Zitronensaft

3 EL Orangensaftkonzentrat

1 Die Schokolade schmelzen (Seite 33) und beiseite stellen.

2 Das Mehl mit Backpulver, Natron und Salz mischen und sieben. Beiseite stellen.

3 Die Butter cremig rühren, dann den Zucker dazugeben und weiterrühren, bis die Masse locker und luftig ist. Den Vanilleextrakt unterrühren. Die Eier nacheinander hineingeben und schlagen; falls die Masse zu gerinnen beginnt, etwas Mehl zugeben. Die Schokolade einrühren.

4 Die Mehlmischung in drei Portionen abwechselnd mit der Buttermilch unterziehen. Langsam das kochende Wasser unterrühren.

5 Die Masse zu gleichen Teilen auf die vorbereiteten Backformen verteilen und so in den vorgeheizten Ofen stellen, dass sie nicht direkt übereinander stehen. 30 Minuten lang backen oder so lange, bis sich die Oberfläche bei leichtem Druck elastisch anfühlt.

6 Die Kuchen 5 Minuten in den Formen ruhen lassen, bevor sie zum vollständigen Abkühlen auf einen Gitterrost gestürzt werden.

7 Für die Glasur alle Zutaten in eine hitzebeständige Schüssel geben und über leicht köchelndes Wasser setzen. So lange schlagen, bis die Masse eindickt und sich weiche Spitzen bilden. Vom Herd nehmen und schlagen, bis die Mischung streichfähig ist (auf der Rückseite eines in die Glasur getauchten Löffels sollte sich schnell ein deckender Überzug bilden).

8 Die beiden Kuchen mit einer dünnen Schicht Glasur zusammensetzen, den Rest der Glasur mit einer Palette in groben Strichen rasch auf der gesamten Oberfläche der Torte verteilen.

Backtemperatur
190 °C/Gas Stufe 3

Backzeit
30 Minuten

Backformen
Zwei flache Kuchenformen (22 cm Durchmesser), eingefettet und die Böden mit Backpapier ausgelegt

Ergibt
12–16 Stücke

Haltbarkeit
Im Kühlschrank 2 Tage lang haltbar

Einfrieren
1 Monat, unglasiert

Weiße Schokoladentorte

*Dunkler Schokoladen-
biskuit, getränkt mit leicht
alkoholisiertem Himbeersirup
und üppig gefüllt mit dicker
weißer Schokoladenbutter-
creme, ist eine Verführung für
jeden, der weiße Schokolade
liebt.*

*Diese elegante,
in weiße Butter-
creme gehüllte
Torte zieren weiße
Schokoladenlocken.*

ZUTATEN

Für den Teig

100 g Weizenmehl

50 g Kakaopulver

1/2 TL Backpulver

1 Prise Salz

4 Eier

150 g extrafeiner Zucker

1 TL Vanilleextrakt

50 g Butter

Für die weiße
Schokoladenbuttercreme

1 Ei

90 g Kristallzucker

50 ml Wasser

1 gute Prise Weinstein

180 g Butter, weich

250 g weiße Schokolade

4 EL Wasser

Für den Himbeersirup

125 g Himbeermarmelade

4 EL Himbeergeist

*Weiße Schokoladenlocken zum
Dekorieren (Seite 43)*

1 Das Mehl, den Kakao, das Backpulver und das Salz mischen und
dreimal sieben. Beiseite stellen.

2 Die Eier aufschlagen und in eine
große, hitzebeständige Schüssel,
vorzugsweise aus Kupfer, geben. Nach
und nach den Zucker einrieseln lassen
und mit einem elektrischen Handrührgerät verquirlen. Die Schüssel über
heißes Wasser setzen und 6–8 Minuten
lang schlagen, bis sich das Volumen
der Masse verdoppelt hat und sie so
dickflüssig geworden ist, dass sie spiralförmig von den Rührern abtropft.
Den Vanilleextrakt dazugeben.

3 Die Butter über kleiner Flamme
schmelzen und beiseite stellen. Die
Mehlmischung in drei Portionen über
die Eimasse sieben, dabei jede Portion
mit einem großen Metalllöffel vorsichtig unterziehen. Die geschmolzene
Butter ebenfalls unterziehen.

4 Den Teig in die vorbereitete Backform gießen und im vorgeheizten
Ofen 35–40 Minuten backen oder
so lange, bis sich die Oberfläche bei

leichtem Druck elastisch anfühlt. Eini-
ge Minuten in der Form ruhen lassen.
Mit einem Messer am Innenrand der
Form entlangfahren, um den Kuchen
zu lösen. Zum Abkühlen auf einen
Gitterrost stürzen.

5 Für die Buttercreme das Ei schlagen, bis es weiß und cremig ist.
Beiseite stellen.

6 Den Zucker, das Wasser und den
Weinstein in eine kleine Kasserolle
geben. Leicht erhitzen, damit sich der
Zucker auflöst, dann kochen, bis der
Sirup auf einem Zuckerthermometer
eine Temperatur von 115 °C erreicht
hat (dieses Kochstadium wird auch
»kleiner Ballen« genannt). Unter ständigem Rühren den heißen Zuckersirup nach und nach zu dem Ei gießen.
Weiterrühren, bis die Masse auf Zimmertemperatur abgekühlt ist.

7 Die Butter in kleine Stückchen
schneiden und immer mehrere
Stücke auf einmal unter die Eimasse
schlagen. Die weiße Schokolade mit
dem Wasser zusammen schmelzen
(Seite 34). Erst unter die Buttercreme
rühren, wenn die Masse nur
noch lauwarm ist.

8 Für den Sirup die Him-
beermarmelade durch ein
Sieb passieren und mit dem
Himbeergeist vermischen.

FERTIGSTELLUNG

1 Den Kuchen mit einem scharfen
Messer mit langer Klinge und
Sägeschliff in drei Böden teilen
(Seite 50). Den obersten Boden mit
der Schnittfläche nach oben auf
eine dünne Tortenscheibe oder eine
flache Platte legen. Den Boden mit
der Hälfte des Himbeersirups und
danach mit einem Viertel der Buttercreme bestreichen.

2 Mit dem zweiten Tortenboden
abdecken. Diesen Boden mit dem
restlichen Sirup und anschließend mit
einem weiteren Viertel der Buttercreme bestreichen. Den dritten Boden
mit der Unterseite nach oben darauf
legen. Mit Hilfe einer Palette die gesamte Oberfläche der Torte inklusive
der Seiten mit der restlichen Buttercreme überziehen. Die Torte mit
großen weißen Schokoladenröllchen
(Seite 43) garnieren.

Backtemperatur
180 °C/Gas Stufe 2–3

Backzeit
35–40 Minuten

Backform
Springform (22 cm
Durchmesser), einge-
fettet, den Boden mit
Backpapier ausgelegt,
erneut eingefettet und
mit Mehl ausgestäubt

Ergibt
8–10 Stücke

Haltbarkeit
Im Kühlschrank
2–3 Tage lang haltbar

Einfrieren
2–3 Monate

Mokkarolle

Diese Rolle ist über-
raschend leicht und locker –
und wird ohne Mehl zube-
reitet. Ich fülle sie mit Kaffee-
creme, man kann sie aber
auch mit Schlagsahne füllen
und die Sahne nach Wunsch
mit Vanille aromatisieren.
Es ist ganz normal und ein
Zeichen für ihre Leichtigkeit,
dass sie beim Aufrollen
etwas bricht.

ZUTATEN

Für den Teig

125 g dunkle Schokolade
60 g dunkle Schokolade (Kakaoanteil mindestens 70%)
3 EL Wasser
2 EL Weinbrand
5 Eier, getrennt
180 g extrafeiner Zucker
1 Prise Salz

Für die Füllung und Dekoration

300 ml Schlagsahne
1 EL starker Espresso oder Mokka, abgekühlt
1 TL extrafeiner Zucker
Dunkle Schokoladendreiecke (Seite 45)

1 Die beiden Schokoladensorten, das Wasser und den Weinbrand zusammen schmelzen (Seite 34) und abkühlen lassen.

2 Das Eigelb mit dem Zucker weiß-schaumig schlagen. Die geschmolzene Schokolade unterziehen. Das Eiweiß mit dem Salz steif schlagen. Zur Lockerung erst einen Löffel Eischnee unter die Eigelbmasse heben, anschließend den Rest.

3 Den Teig gleichmäßig auf das vorbereitete Backblech streichen. Im vorgeheizten Ofen 15 Minuten lang backen. Aus dem Ofen nehmen, mit Antihaft-Backpapier und einem feuchten Tuch abdecken und einige Stunden oder über Nacht stehen lassen.

4 Für die Füllung die Schlagsahne schlagen, bis sich weiche Spitzen bilden, dann den Espresso oder Mokka und den extrafeinen Zucker unterziehen.

5 Den Kuchen auf einen großen Bogen Antihaft-Backpapier stürzen, das mit Puderzucker bestäubt ist. Das Backpapier, mit dem das Blech ausgelegt war, abziehen (Schritt 1, unten).

6 Von der Füllung 3–4 Esslöffel abnehmen und in einen Nylon-Spritzbeutel mit Sterntülle (1 cm Durchmesser) füllen. Die restliche Füllung auf den Kuchen streichen. Diesen von der längeren Seite her mit Hilfe des gezuckerten Papiers aufrollen (Schritte 2–3, unten). Das Papier entfernen.

7 Mit der Füllung im Spritzbeutel die Rolle verzieren (Seite 48). Danach die Schokoladendreiecke in die Verzierung stecken. Vor dem Servieren die Mokkarolle mehrere Stunden kühl stellen.

VARIANTE

Diese Rolle macht sich besonders gut als Weihnachts-Baumstamm, auch bekannt unter dem Namen *Bûche de Noël* und in Frankreich traditionell sehr beliebt. Dekoriert mit Schokoladen-Ilexblättern, hergestellt aus geschmolzener Schokolade oder aus Schokoladenmarzipan (Seiten 43 und 76), und rotschaligen Beeren.

Backtemperatur
180 °C/Gas Stufe 2–3

Backzeit
15 Minuten

Backform
Vario-Backblech (36 × 25 × 1 cm), eingefettet und mit Antihaft-Backpapier ausgekleidet

Ergibt
12–16 Stücke

Haltbarkeit
Im Kühlschrank 2–3 Tage lang haltbar

Die Herstellung einer Rolle

1 Um das Backpapier vom abgekühlten Kuchen abzuziehen, vorsichtig die Ecken anheben und zu sich her abziehen.

2 Eine Winkelpalette zum Verstreichen der Füllung verwenden, dabei die Füllung nicht bis ganz an die Ränder streichen.

3 Damit die Rolle keine tieferen Risse bekommt und die Füllung nicht austritt, die Rolle locker und ohne Druck aufrollen.

Durch die Kaffeecreme-füllung erhält die Rolle eine besonders delikate Geschmacksnote.

Schoko-Himbeer-Rolle mit Mandelbiskuit

Ein nicht nur in der Handhabung herrlich leichter Mandelbiskuit bildet die Grundlage für diese Rolle, die mit köstlicher dunkler Schokoladencreme gefüllt ist.

ZUTATEN
Für den Teig

100 g Mandeln
100 g extrafeiner Zucker
3 Eier
3 Eiweiß
1 Prise Salz
30 g Weizenmehl
30 g Butter, geschmolzen

Für den Himbeersirup

75 g extrafeiner Zucker
100 ml Wasser
5 EL Himbeergeist

Für die Füllung und Dekoration

125 g dunkle Schokolade (Kakaoanteil mindestens 70%)
125 g dunkle Schokolade
125 ml Milch
250 ml Schlagsahne
500 g frische Himbeeren
Schokoladenblätter (Seite 43)

1 Die Mandeln mit 2 Esslöffeln Zucker in der Küchenmaschine oder im Mixer mahlen. Weitere 2 Esslöffel Zucker für den späteren Gebrauch abnehmen. Die gemahlenen Mandeln mit dem restlichen Zucker in eine große Schüssel geben. Die Eier einzeln hinzufügen, dabei immer erst das nächste dazugeben, wenn das letzte dickschaumig aufgeschlagen ist.

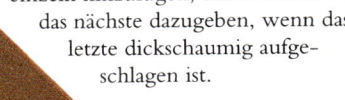

Die Mokkarolle vereint die Aromen von Kaffee und Schokolade.

2 Das Eiweiß mit dem Salz steif schlagen. Die zurückbehaltenen 2 Esslöffel Zucker hinzugeben und 20 Sekunden schlagen, bis der Eischnee glänzt. Das Mehl über die Mandelmasse sieben und mit einem großen Metalllöffel behutsam unterziehen. Den Eischnee in drei Portionen unterheben, danach die geschmolzene Butter.

3 Die Masse auf das vorbereitete Backblech gießen und gleichmäßig verstreichen. Im vorgeheizten Ofen 12–15 Minuten backen oder so lange, bis der Teig gerade fest geworden ist. Den fertigen Kuchen mit dem Backpapier herausheben, auf eine glatte Arbeitsfläche legen und dort abkühlen lassen.

4 Für den Sirup den Zucker bei mittlerer Hitze im Wasser auflösen, anschließend kochen, bis der Sirup klar ist. Nach dem Abkühlen den Himbeergeist dazugeben.

5 Für die Füllung die Schokoladensorten mit der Milch zusammen schmelzen (Seite 34). Die Sahne schlagen, bis sich weiche Spitzen bilden. Wenn die Schokolade nur noch lauwarm ist, einen großen Löffel Schlagsahne unterheben. Die Schokolade dann mit einem großen Metalllöffel unter die übrige Schlagsahne ziehen.

FERTIGSTELLUNG

1 Den Kuchen auf einen Bogen Antihaft-Backpapier stürzen und vorsichtig das Backpapier abziehen, mit dem das Blech ausgelegt war (Schritt 1, Seite 62 unten). Die Oberfläche erst mit dem Sirup und danach mit zwei Dritteln der Schokoladencreme bestreichen (Schritt 2, Seite 62 unten).

2 Etwa zwölf Himbeeren für die Dekoration beiseite legen, den Rest auf der Schokoladencreme verteilen.

3 Den Kuchen mit Hilfe des Papiers von der schmalen Seite her aufrollen. Die Rolle ringsum mit der restlichen Schokoladencreme überziehen und mit Schokoladenblättern und den zurückbehaltenen Himbeeren garnieren. Die Rolle in den Kühlschrank stellen und eine Stunde vor dem Servieren herausnehmen, damit sie Zimmertemperatur hat.

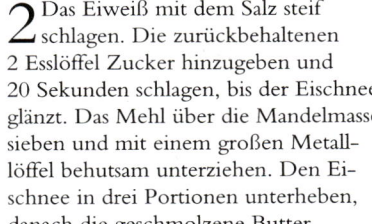

Backtemperatur
200 °C/Gas Stufe 3–4

Backzeit
12–15 Minuten

Backform
Vario-Backblech (39 × 26 × 1 cm), eingefettet und mit eingefettetem Antihaft-Backpapier ausgekleidet

Ergibt
8–10 Stücke

Haltbarkeit
Im Kühlschrank 2–3 Tage lang haltbar

Marjolaine

Dieses Kunstwerk der Pâtisserie besteht aus Mandelbaiser mit Aprikosenfüllung und Schokoladenbuttercreme.

ZUTATEN

Für den Teig

100 g Mandeln

100 g Zucker

3 Eier

3 Eiweiß

1 Prise Salz

30 g Weizenmehl

30 g Butter, geschmolzen

Für die Aprikosenfüllung

4 EL kaltes Wasser

1/4 TL gemahlene Gelatine

100 g getrocknete Aprikosen

125 ml Schlagsahne

2 EL Kristallzucker

Für die Buttercreme

3 Eigelb

90 g extrafeiner Zucker

75 ml Wasser

200 g Butter, weich

100 g dunkle Schokolade (Kakaoanteil mindestens 70%), geschmolzen (Seite 33)

Kakaopulver zum Bestäuben

1 Für den Teig die Mandeln mit 2 Esslöffeln Zucker in der Küchenmaschine oder im Mixer mahlen. Weitere 2 Esslöffel Zucker für den späteren Gebrauch abnehmen. Die gemahlenen Mandeln mit dem restlichen Zucker in eine große Schüssel geben. Die Eier einzeln hinzufügen, dabei immer erst das nächste dazugeben, wenn das letzte dickschaumig aufgeschlagen ist.

2 Das Eiweiß mit dem Salz steif schlagen. Die zurückbehaltenen 2 Esslöffel Zucker hinzugeben und 20 Sekunden schlagen, bis der Eischnee glänzt. Das Mehl über die Mandelmasse sieben und mit einem großen Metalllöffel behutsam unterziehen. Den Eischnee in drei Portionen unterheben, danach die geschmolzene Butter hinzufügen und untermischen.

3 Die Masse auf das vorbereitete Backblech gießen und gleichmäßig verstreichen. Im vorgeheizten Ofen 12–15 Minuten backen oder so lange, bis der Teig gerade fest geworden ist. Den fertigen Kuchen mit dem Backpapier herausheben, auf eine glatte Arbeitsfläche legen und dort abkühlen lassen.

4 Für die Aprikosenfüllung das abgemessene Wasser in eine Tasse füllen, die Gelatine einstreuen und quellen lassen. Die Tasse in eine Schüssel mit heißem Wasser stellen und stehen lassen, bis sich die Gelatine vollständig aufgelöst hat. Die Aprikosen, die Schlagsahne und den Zucker in eine Kasserolle geben und 10 Minuten simmern lassen. Die Gelatine einrühren. Mit einer Küchenmaschine oder einem Mixer pürieren und auf Zimmertemperatur abkühlen lassen.

5 Für die Buttercreme das Eigelb in einer Schüssel aufschlagen. Das Wasser und den Zucker zusammen erhitzen, bis sich der Zucker aufgelöst hat, zum Kochen bringen und kochen, bis der Sirup auf dem Zuckerthermometer eine Temperatur von 115 °C (dieses Kochstadium wird auch »kleiner Ballen« genannt) erreicht hat.

6 Nach und nach den Sirup über das Eigelb gießen und schlagen, bis die Masse abgekühlt und eingedickt ist. Die Butter glatt rühren und mit der Eimasse vermischen. Die geschmolzene Schokolade unterziehen.

FERTIGSTELLUNG

1 Den Kuchen auf einen Bogen Antihaft-Backpapier stürzen und das Backpapier entfernen, mit dem das Blech ausgekleidet war. Den Kuchen in vier gleich große Rechtecke schneiden.

2 Ein Rechteck auf eine dünne Tortenscheibe oder eine flache Tortenplatte setzen und mit einem Viertel der Buttercreme bestreichen. Mit dem nächsten Rechteck bedecken und darauf die Aprikosenfüllung verteilen. Das dritte Rechteck darauf setzen und mit Buttercreme bestreichen. Mit dem letzten Rechteck abschließen und die Torte vollständig mit der restlichen Buttercreme überziehen.

3 Zum Festwerden in den Kühlschrank stellen. Die Marjolaine 1 Stunde vor dem Servieren aus dem Kühlschrank nehmen. Mit Kakaopulver bestäuben und mit einem Messer in Stücke einteilen. Die Torte geschnitten servieren; dazu ein Messer verwenden, das in heißes Wasser getaucht und abgetrocknet wurde.

Backtemperatur
200 °C/Gas Stufe 3–4

Backzeit
12–15 Minuten

Backform
Vario-Backblech (36 × 25 × 1 cm), ausgekleidet mit gebuttertem fettdichtem Papier

Ergibt
12–16 Stücke

Haltbarkeit
Im Kühlschrank 2–3 Tage lang haltbar

Marmor-Pfundkuchen

Gleiche Mengen an Butter, Mehl, Zucker und Eiern – das ist schon seit Jahrhunderten die kulinarische Formel für einen Pfundkuchen, auch Eischwerkuchen genannt. Der feine Buttergeschmack dieser schokoladigen Version macht ihn zum idealen Begleiter einer Tasse Tee oder Kaffee.

ZUTATEN

125 g Kartoffelmehl
125 g Weizenmehl
1 TL Backpulver
1/4 TL Salz
250 g Butter, weich
250 g extrafeiner Zucker
4 Eier
2 EL Milch
1 TL Vanilleextrakt
100 g dunkle Schokolade, geschmolzen
2 EL Kakaopulver, aufgelöst in 2 EL kochendem Wasser
1/2 Menge des Rezepts Schokoladenglasur (Seite 136) zum Verzieren

1 Die beiden Mehlsorten, das Backpulver und das Salz mischen, zweimal sieben und beiseite stellen.

2 Die Butter und den Zucker schaumig schlagen. Die Eier mit der Milch und der Vanille vermischen und in kleinen Portionen unter die Buttermischung rühren. Das Mehl unter-

ziehen, immer nur ein Viertel auf einmal.

3 Die Hälfte des Teigs in die vorbereitete Backform geben. Die Schokolade und den Kakao in die andere Hälfte rühren und diese Masse ebenfalls in die Form gießen. Die beiden Teige mit einer Gabel vorsichtig spiralförmig mischen, so dass ein marmorierter Kuchen entsteht.

4 Den Kuchen etwa 1 Stunde lang im vorgeheizten Ofen backen, bis an einem in der Mitte eingestochenen Holzstäbchen nichts mehr hängen bleibt. 10 Minuten in der Form ruhen lassen, dann zum Abkühlen auf einen Gitterrost stürzen.

5 Den abgekühlten Kuchen auf ein Stück fettdichtes Papier setzen. Wenn die Schokoladenglasur so abgekühlt ist, dass sich auf der Rückseite eines in die Glasur getauchten Löffels schnell ein glatter Überzug bildet, den Kuchen mit der Glasur übergießen und diese an den Seiten herunterlaufen lassen. Mit einer Palette vorsichtig verstreichen. Die Glasur erstarren lassen.

 Backtemperatur
180 °C/Gas Stufe 2–3

 Backzeit
1 Stunde

 Backform
Napfkuchenform (1,5 l Inhalt), eingefettet mit geschmolzener Butter und mit Mehl ausgestäubt

 Ergibt
12 Stücke

 Haltbarkeit
Im Kühlschrank 2–3 Tage lang haltbar

 Einfrieren
1 Monat

Dacquoise

Dieses wunderbare Backwerk besteht aus Haselnussbaiser und Schokoladencreme, garniert mit Himbeeren oder Erdbeeren. Im Handumdrehen verwandelt es sich in ein sommerliches Dessert: An die Stelle der Schokolade tritt geschlagene Sahne, vermischt mit frischen Beeren.

ZUTATEN

Für die Baiserböden

250 g Haselnüsse, geröstet und geschält (Seite 39)
1 EL Maisstärke
300 g extrafeiner Zucker
2 EL Kakaopulver
6 Eiweiß

Für die Füllung und Dekoration

1 Menge des Rezepts Canache-Creme (Seite 136)
500 g Erdbeeren

1 Die abgekühlten Nüsse mit der Maisstärke und 3 Esslöffeln Zucker in der Küchenmaschine fein mahlen. Die Mischung in eine Schüssel geben und den Kakao hinzufügen.

2 Drei Eiweiß schlagen, bis sich weiche Spitzen bilden. Die Hälfte des restlichen Zuckers langsam einrieseln lassen und schlagen, bis der Eischnee steif und glänzend ist. Die Hälfte der Nussmischung unterziehen.

3 Die Masse auf die vorbereiteten Backbleche verteilen und die aufgezeichneten Kreise damit ausstreichen. Im vorgeheizten Ofen 1 Stunde lang backen oder so lange, bis sie knusprig und trocken sind. Auf Gitterrosten abkühlen lassen.

4 Die Backbleche erneut mit Antihaft-Backpapier auslegen. Aus den übrigen Baiserzutaten zwei weitere Baiserböden herstellen. Nach dem Abkühlen von allen das Backpapier abziehen.

5 Die Canache-Creme nach den Anweisungen auf Seite 136 zubereiten.

6 Einen Baiserboden auf eine Tortenplatte legen, mit der Schokoladencreme bestreichen und den nächsten Boden darüber legen. Mit den anderen Böden genauso verfahren, den letzten Boden mit der restlichen Creme überziehen. Für 2 Stunden in den Kühlschrank stellen. Vor dem Servieren die Dacquoise mit den frischen Erdbeeren garnieren.

 Backtemperatur
140 °C/Gas Stufe 1/2–1

 Backzeit
Für jede Portion Baisermasse jeweils 1 Stunde

 Backform
Zwei flache Backbleche, jeweils mit Antihaft-Backpapier oder Alufolie auslegen und darauf einen Kreis (23 cm Durchmesser) aufzeichnen

 Ergibt
12 Stücke

 Haltbarkeit
Im Kühlschrank 2–3 Tage lang haltbar

Die Hochzeitstorte

Diese Biskuittorte aus dunkler Schokolade, umhüllt und elegant verziert mit weißer Schokolade, wird jeden Schokoladenliebhaber in den siebten Schokoladenhimmel erheben. Jede der drei Torten wird in mehrere Böden geteilt, die von einer mit frischen Erdbeeren aromatisierten Buttercreme zusammengehalten werden. Diese Kombination ist einfach köstlich. Die Biskuitböden lassen sich gut einfrieren und können über Nacht bei Zimmertemperatur aufgetaut werden. Die einzeln glasierten Torten können am Tag vor der Hochzeit zusammengesetzt und dekoriert und an einem kühlen Ort aufbewahrt werden.

Die Hochzeitstorte lässt sich leicht schneiden und reicht für etwa 100 Gäste.

ZUTATEN

Für den Teig
(Torte mit 30 cm Durchmesser)

300 g dunkle Schokolade (Kakaoanteil mindestens 70%)
150 g dunkle Schokolade
225 ml Wasser
12 Eier
300 g extrafeiner Zucker
300 g Weizenmehl, gesiebt

Für den Teig
(Torte mit 24 cm Durchmesser)

250 g dunkle Schokolade (Kakaoanteil mindestens 70%)
100 g dunkle Schokolade
150 ml Wasser
9 Eier
225 g extrafeiner Zucker
225 g Weizenmehl, gesiebt

Für den Teig
(Torte mit 16 cm Durchmesser)

150 g dunkle Schokolade (Kakaoanteil mindestens 70%)
75 g dunkle Schokolade
120 ml Wasser
6 Eier
150 g extrafeiner Zucker
150 g Weizenmehl, gesiebt

Für die Buttercreme

18 Eigelb
600 g extrafeiner Zucker
350 ml Wasser
1,5 kg Butter, weich
250 g Erdbeeren

Für die weiße Schokoladenglasur

1 200 g weiße Kuvertüre oder Schokolade, in kleine Stückchen gehackt
400 ml Schlagsahne

Für die weiße Schokoladendekoration

Weiße Schokoladenbänder und ausgeschnittene Blütenblätter (Seiten 44 und 45), hergestellt aus 750 g weißer Schokolade

Zuerst die Torte mit dem Durchmesser von 30 cm backen, danach die beiden anderen mit 24 cm und 16 cm Durchmesser zusammen im Ofen backen.

1 Für die jeweilige Torte die entsprechenden Mengen an Schokolade und Wasser in eine Kasserolle geben und langsam zum Kochen bringen. Vom Herd nehmen, gut verrühren und abkühlen lassen.

2 Die Eier aufschlagen, in eine große (für den Teig mit den 12 Eiern in eine sehr große!) hitzebeständige Schüssel geben und über einen Topf mit heißem, aber keinesfalls kochendem Wasser setzen. Mit einem elektrischen Handrührgerät die Eier mit dem Zucker schlagen, bis sich das Volumen der Masse verdoppelt hat und sie spiralförmig von den Rührern abtropft. Das dauert bei 12 Eiern etwa 25 Minuten, bei 9 Eiern etwa 15 Minuten und bei 6 Eiern etwa 10 Minuten.

3 Das Mehl in drei Portionen über die Eimasse sieben, jede Portion behutsam unterziehen. Die geschmolzene Schokolade ebenfalls unterziehen.

4 In die vorbereitete Backform gießen und im vorgeheizten Ofen entsprechend der Zeitangabe backen oder so lange, bis an einem in der Mitte eingestochenen Stäbchen nichts mehr hängen bleibt. Einige Minuten in der Form ruhen lassen, dann zum Abkühlen auf einen Gitterrost stürzen.

5 Für die Buttercreme das Eigelb in eine große Schüssel geben und weißschaumig aufschlagen. Den Zucker und das Wasser in einen schweren Topf schütten. Eine Minute bei geschlossenem Deckel simmern lassen, bis sich der Zucker aufgelöst hat. Ohne Deckel kochen, bis der Sirup auf einem Zuckerthermometer eine Temperatur von 115 °C (dieses Kochstadium wird auch »kleiner Ballen« genannt) erreicht hat. Nach und nach den heißen Zuckersirup unter ständigem Rühren in die Eimasse (nicht auf die Rührer) gießen. Schlagen, bis die Masse auf Zimmertemperatur abgekühlt ist.

6 Die weiche Butter in kleine Stücke schneiden und nach und nach unter die Masse schlagen. Ein Drittel der Buttercreme beiseite stellen. Die Erdbeeren grob zerdrücken und unter die übrige Buttercreme rühren.

7 Jeden Kuchen in drei Böden zerteilen. Die Erdbeerbuttercreme dazwischenschichten und die Böden wieder zusammensetzen. Jede Torte

Backtemperatur
180 °C/Gas Stufe 2–3

Backzeit
Für die Torte mit 30 cm Durchmesser:
60–65 Minuten;
für die Torte mit 24 cm Durchmesser:
40–45 Minuten;
für die Torte mit 16 cm Durchmesser:
35–40 Minuten

Backformen
Kuchenform mit einem Durchmesser von 30 cm (5 cm hoch), Kuchenform mit einem Durchmesser von 24 cm (5 cm hoch), Kuchenform mit einem Durchmesser von 16 cm (5 cm hoch); jeweils eingefettet, den Boden mit fettdichtem Papier ausgekleidet, erneut eingefettet und mit Mehl ausgestäubt

Zum Zusammensetzen der Torte
Eine schwere Tortenplatte (mindestens 35 cm Durchmesser); drei dünne Tortenscheiben (30 cm, 24 cm und 16 cm Durchmesser) 6 Kuchenspieße aus Acryl
2,5 m Dekoband (2,5 cm breit)
6 m Dekoband (1,5 cm breit)
Stecknadeln (aus Edelstahl)

Ergibt
100 Stücke

Haltbarkeit
Die Biskuittorten halten sich im Kühlschrank 3 Tage; auch die glasierten Torten sind im Kühlschrank 3 Tage lang haltbar.

Einfrieren
Biskuittorten 2 Monate lang

auf eine Tortenscheibe und diese wiederum auf einen Gitterrost setzen, unter dem ein großes Stück Folie liegt.

8 Jede Torte mit einer dünnen Schicht aus purer Buttercreme überziehen; die dabei auf die Folie tropfende Buttercreme zurück in die Schüssel geben. Die Torten kühlen, bis die Buttercreme fest wird.

9 Für die Glasur die weiße Kuvertüre oder Schokolade schmelzen (Seite 33). Die Schlagsahne zum Köcheln bringen, etwas abkühlen lassen und in die Kuvertüre einrühren.

10 Die Glasur abkühlen lassen, bis sie streichfähig ist (auf der Rückseite eines in die Glasur getauchten Löffels sollte sich schnell ein deckender Überzug bilden) und so viel davon über die Torten gießen, dass sie gut bedeckt sind. Mit Hilfe einer Palette gleichmäßig auf den Torten und den Rändern verstreichen. Den äußeren Rand der schweren Tortenplatte ringsum mit weißer Schokoladenglasur dünn bestreichen. Wenn nötig die Glasur kurz wieder erwärmen. Die Glasur erstarren lassen.

ZUSAMMENSETZEN DER TORTE

1 Die Spieße aus Acryl – kreisförmig 3–4 cm vom Tortenrand entfernt angeordnet – in die größte Torte stecken. Auf Höhe der Tortenoberfläche markieren, abschneiden und wieder in die Torte stecken. Die abgeschnittenen Reststücke der Spieße als Stützen für die mittlere Torte verwenden.

2 Die Torten auf den dünnen Tortenscheiben stehen lassen. Die größte Torte genau in die Mitte der schweren Tortenplatte, die mittlere Torte auf die große Torte und am Schluss die kleine Torte obenauf setzen.

3 Das schmale Dekoband um die schwere Tortenplatte und das breite Dekoband um den unteren Rand der einzelnen Torten herumlegen und feststecken.

Durch die Dekobänder werden die Übergänge zwischen den einzelnen Torten, die zusammengesetzt die Hochzeitstorte bilden, verdeckt.

DEKORATION

Neun Sträuße zusammenstellen, bestehend aus jeweils drei Schokoladenbändern und fünf Schokoladenblütenblättern. Vier Sträuße auf der untersten Torte arrangieren, drei auf der mittleren und zwei auf der oberen. Zusammengehalten werden die Sträuße durch Kleckse geschmolzener weißer Schokolade, die vom Herstellen der Bänder übrig war. Diese Schokolade mit Hilfe einer kleinen Spritztüte aus Papier auftragen. Stücke von schmalem Dekoband in Falten legen und in die Mitte jedes Straußes stecken.

Schokoladenbänder und Dekobänder geben der Hochzeitstorte ihr märchenhaftes Aussehen.

Dessertkuchen

Die attraktiv verzierten Kuchen in diesem Kapitel eignen sich hervorragend als Desserts – besonders wenn sie mit einer Sauce wie der Crème Anglaise, einer Frucht-Coulis oder einem Sirup serviert werden wie etwa der Kumquat-Schokoladenkuchen auf dieser Seite. Die hier aufgeführten Dessertkuchen zeichnen sich alle durch einen besonders delikaten, zarten Teig aus, häufig mit Nüssen und Mandeln und nur wenig oder gar keinem Mehl, manchmal auch mit Keksbröseln zubereitet. Sie finden hier sowohl eine Variante der klassischen Wiener Sachertorte als auch Rezepte für zwei köstliche italienische Kuchen, in denen Schokolade mit Maronen oder Amaretti-Keksen harmoniert.

Kumquat-Schokoladenkuchen

ZUTATEN

Für die Früchte

500 g Kumquats
150 g Kristallzucker
300 ml Wasser

Für den Teig

50 g Weizenmehl
1/4 TL Backpulver
150 g extrafeiner Zucker
1 Prise Salz
3 Eier
100 g dunkle Schokolade (Kakaoanteil mindestens 70%)
1 EL Kakaopulver
100 g Butter

Für die Glasur

125 g dunkle Schokolade
30 g Butter
2 EL Milch
Schokoladenblätter zum Dekorieren (Seite 43)

Kumquats, ursprünglich aus China kommend und etwa seit dem Jahr 1850 in den Vereinigten Staaten bekannt, sind eng mit den Citrusfrüchten verwandt, besitzen jedoch als einzige eine süße essbare Schale. Der leicht bitter-süße Geschmack pochierter Kumquats und deren Sirup passen hervorragend zu Schokoladendesserts, wie beispielsweise auch zu diesem Kuchen.

1 Die Kumquats waschen, dabei 9 Stück für die Dekoration zurückbehalten. Die übrigen der Länge nach halbieren. Mit dem Zucker und dem Wasser in einen Topf geben. Zum Kochen bringen und 30 Minuten lang vorsichtig köcheln lassen, bis die Kumquats weich sind. Beiseite stellen.

2 Für den Teig das Mehl, das Backpulver, den Zucker, das Salz und die Eier in eine große Schüssel geben, diese über heißes, jedoch nicht kochendes Wasser setzen und mit einem elektrischen Handrührgerät schlagen, bis die Masse dickflüssig ist und spiralförmig von den Rührern abtropft.

3 Die Schokolade, das Kakaopulver und die Butter zusammen schmelzen (Seite 34), zu der Eimasse geben und erneut mehrere Minuten lang schlagen. Den Teig in die vorbereitete Form gießen und im vorgeheizten Ofen 25 Minuten backen oder so lange, bis sich der Kuchen bei leichtem Druck elastisch anfühlt. Aus dem Ofen nehmen, mit einem Messer an der Innenseite der Form entlangfahren und 10 Minuten in der Form ruhen lassen, dann auf einen Gitterrost stürzen.

4 Alle Zutaten für die Glasur zusammen schmelzen (Seite 34). Die Torte mit dem Gitterrost auf eine große Platte stellen, um herabtropfende Glasur aufzufangen. Die Glasur leicht kühlen, damit sie etwas eindickt, über den noch warmen Kuchen gießen und mit Hilfe einer Palette gleichmäßig verstreichen (Seite 49). Zehn Minuten stehen lassen, damit die Glasur erstarren kann.

5 Den Kuchen mit Schokoladenblättern und den ganzen Kumquats dekorieren und lauwarm servieren. Die Kumquats mit dem Sirup dazu reichen.

 Backtemperatur
160 °C/Gas Stufe 1–2

 Backzeit
25 Minuten

 Backform
Springform (20 cm Durchmesser), eingefettet und den Boden mit Backpapier ausgelegt

 Ergibt
8–10 Stücke

 Haltbarkeit
Im Kühlschrank 2–3 Tage lang haltbar

Schoko-Haselnuss-Kuchen

Knackige Haselnüsse tragen entscheidend zu der saftigen Konsistenz und dem köstlichen Geschmack dieses Kuchens bei. Da er sich auch gut schneiden lässt, ist er besonders geeignet für ein Picknick. Aber auch als Dessertkuchen kann man ihn nur empfehlen – mit geschlagener Sahne oder einem Klecks Mascarpone serviert.

ZUTATEN

Für den Teig

100 g Haselnüsse, geröstet und geschält (Seite 39)

150 g extrafeiner Zucker

100 g dunkle Schokolade (Kakaoanteil mindestens 70%), zerkleinert (Seite 32)

100 g dunkle Schokolade, zerkleinert (Seite 32)

200 g Butter, in kleine Stücke geschnitten

5 Eier, getrennt

1 TL Vanilleextrakt

40 g Weizenmehl

1/4 TL Salz

1/4 TL Weinstein

Für die Dekoration

1 Menge des Rezepts Schokoladenglasur (Seite 136)

30 g weiße Schokolade

30 g Milchschokolade

1 Die Haselnüsse mit 2 Esslöffeln Zucker fein mahlen. Beide Schokoladensorten mit der Butter zusammen schmelzen (Seite 34); beiseite stellen.

2 Das Eigelb mit 100 g Zucker weißschaumig schlagen. Die warme Schokoladenmasse und den Vanilleextrakt einrühren. Mehl und Salz mit den Haselnüssen mischen und unter die Schokoladenmasse ziehen.

3 Das Eiweiß mit dem Weinstein schlagen, bis sich weiche Spitzen bilden. Den restlichen Zucker hinzufügen und zu steifem Eischnee schlagen.

4 Zur Lockerung mit einem großen Metalllöffel einen Löffel Eischnee unter die Schokoladenmasse ziehen. Behutsam den Rest Eischnee unterheben. Den Teig in die vorbereitete Form geben und im vorgeheizten Ofen 35–40 Minuten backen; der Kuchen sollte im Innern noch etwas feucht sein. Mit der Form auf einen Gitterrost stellen und darin abkühlen lassen.

Dann auf eine dünne Tortenscheibe stürzen.

5 Die Schokoladenglasur zubereiten (Seite 136). Ein Viertel der Glasur auf dem Kuchen verstreichen, damit sich eventuell lösende Krümel an ihrem Platz gehalten werden. Zum vollständigen Erstarren in den Kühlschrank stellen. Mit der restlichen Glasur überziehen (Seite 49). Möglicherweise muss die Glasur vorher über heißem Wasser noch einmal erwärmt werden.

6 Für die Dekoration die weiße Schokolade und die Milchschokolade getrennt schmelzen und in Spritztüten aus Papier füllen.

7 Mit den beiden Schokoladensorten abwechselnd Kreise auf die Kuchenglasur spritzen und mit Hilfe eines Holzstäbchens daraus ein Federmuster ziehen (Seite 47).

 Backtemperatur
190 °C/Gas Stufe 3

 Backzeit
35–40 Minuten

 Backform
Springform (24 cm Durchmesser), eingefettet und den Boden mit Backpapier ausgelegt

 Ergibt
10–12 Stücke

 Haltbarkeit
Im Kühlschrank 3–4 Tage lang haltbar

 Einfrieren
1–2 Monate

Schoko-Trüffel-Kuchen

Dieser mousseartige Kuchen besteht aus einer Kombination von geschmolzener Schokolade und geschlagener Sahne und ist ein Lieblingskind moderner Küchenchefs. Diese Variante bekommt durch einen Boden aus Schokoladenkeksen eine zusätzliche knusprige Komponente.

ZUTATEN

Für den Krümelboden

180 g lockere Vollkornkekse, zerbröselt

2 EL Kakaopulver, gesiebt

2 EL weicher brauner Zucker (hell)

75 g Butter, geschmolzen

Für die Füllung und Dekoration

250 g dunkle Schokolade

100 g dunkle Schokolade (Kakaoanteil mindestens 70%)

600 ml Schlagsahne

2 EL Milch

2 EL Weinbrand oder Rum oder 1 TL Vanilleextrakt

Kakaopulver

Weiße und dunkle Schokoladenbögen aus Spritzglasur (Seite 47)

1 Die zerbröselten Vollkornkekse mit dem Kakao, dem braunen Zucker und der geschmolzenen Butter vermischen. Auf dem Boden der vorbereiteten Springform gleichmäßig verteilen und gut andrücken.

Im vorbereiteten Ofen 10 Minuten backen. Den Ring der Springform entfernen und den Boden mit dem gebackenen Teig auf einem Gitterrost auskühlen lassen. Danach die Backform wieder zusammensetzen.

2 Für die Füllung die Schokoladensorten zusammen schmelzen (Seite 33) und abkühlen lassen, bis die Masse nur noch lauwarm ist. Sie sollte jedoch immer noch flüssig sein.

3 Die Sahne im Becher in eine Schüssel mit heißem Wasser stellen, bis sie zwar noch kühl, aber nicht mehr kühlschrankkalt ist.

4 Die Sahne mit der Milch und dem Weinbrand oder dem Vanilleextrakt schlagen, bis sie so dickflüssig ist, dass sie spiralförmig von den Rührern abtropft. Unbedingt darauf achten, dass die Sahne nicht zu lange geschlagen wird.

5 Einen Löffel Sahne unter die lauwarme Schokolade mischen, dann die Schokolade schnell mit einem großen Metalllöffel unter die restliche Sahne ziehen. Die Masse auf den Krümelboden in die Form gießen und mit einer Palette glatt streichen. Die Form mit Frischhaltefolie abdecken und mindestens 4 Stunden, am besten über Nacht, kühl stellen.

6 Den Kuchen aus der Form nehmen und 30 Minuten vor dem Servieren bei Zimmertemperatur stehen lassen.

7 Kurz vor dem Servieren mit Kakaopulver überstäuben und mit den weißen und dunklen Schokoladenbögen aus Spritzglasur dekorieren.

Backtemperatur
180 °C/Gas Stufe 2–3

Backzeit
10 Minuten für den Krümelboden

Backform
Springform (24 cm Durchmesser)

Ergibt
10–12 Stücke

Haltbarkeit
Im Kühlschrank 3–4 Tage lang haltbar

Sachertorte

Diese berühmte Torte – die Originalzutaten sind immer noch ein gut gehütetes Geheimnis – wurde im Jahre 1832 von dem österreichischen Küchenchef Franz Sacher für den Fürsten Metternich kreiert. Noch im selben Jahrhundert stand die Torte im Mittelpunkt eines sieben Jahre andauernden Rechtsstreits – es ging dabei um die Urheberrechte an ihrem Namen. Die hier vorgestellte Variante der Sachertorte zeichnet sich durch ihren feinen Schokoladengeschmack und eine dicke, dunkle Schokoladenglasur mit zarter Dekoration aus.

ZUTATEN

Für den Teig

50 g Kakaopulver, gesiebt
150 ml kochendes Wasser
125 g Butter, weich
200 g extrafeiner Zucker
2 Eier, leicht aufgeschlagen
1 TL Vanilleextrakt
$1/2$ TL Salz
160 g Weizenmehl, gesiebt
$1^1/2$ TL Backpulver

Für die Schokoladenglasur

125 g Butter
90 g dunkle Kuvertüre (Kakaoanteil mindestens 70%)
90 g dunkle Kuvertüre
1 EL Ahornsirup

Für die Dekoration

30 g weiße Schokolade
30 g Milchschokolade

1 Für den Teig das gesiebte Kakaopulver mit dem Wasser glatt rühren. Die Kakaomischung beiseite stellen und abkühlen lassen.

2 Die Butter mit dem Zucker schaumig schlagen. Nach und nach die Eier und den Vanilleextrakt hinzufügen. Wenn die Masse zu gerinnen droht, einen Esslöffel Mehl einrühren. Die Kakaomischung und das Salz unterrühren.

3 Das Mehl mit dem Backpulver mischen und in drei Portionen über die Masse sieben. Jede Portion vorsichtig mit einem großen Metalllöffel unterziehen, bevor die nächste Portion darüber gesiebt wird.

4 Den Teig in die vorbereitete Form geben und im vorgeheizten Ofen 35–40 Minuten backen oder so lange, bis an einem in der Mitte eingestochenen Stäbchen nichts mehr hängen bleibt.

5 Die Torte 5 Minuten in der Form ruhen lassen, danach auf einen Gitterrost stürzen.

6 Die Zutaten für die Schokoladenglasur zusammen schmelzen (Seite 34). Die Torte mit dem Gitterrost auf eine flache Platte stellen und die Glasur mit Hilfe einer Palette auf der Torte verstreichen (Seite 49).

7 Für die Dekoration die weiße Schokolade und die Milchschokolade getrennt schmelzen und jeweils in Spritztüten aus Papier füllen (Seite 46). Mit der Spritzglasur Zickzacklinien großzügig auf die Torte spritzen. Damit die Glasur erstarrt, die Torte kühl stellen.

 Backtemperatur
180 °C/Gas Stufe 2–3

 Backzeit
35–40 Minuten

 Backform
Springform (22 cm Durchmesser), eingefettet, mit Mehl ausgestäubt und den Boden mit Backpapier ausgelegt

 Ergibt
10–12 Stücke

 Haltbarkeit
Im Kühlschrank 3–4 Tage lang haltbar

 Einfrieren
1–2 Monate, unglasiert

Le Diabolo

ZUTATEN

180 g dunkle oder extrabittere Schokolade, zerkleinert (Seite 33)

180 g Butter, in kleine Stücke geschnitten

2 TL Vanilleextrakt

4 Eier, getrennt

140 g extrafeiner Zucker

60 g gemahlene Mandeln

30 g Weizenmehl, gesiebt

1 Prise Salz

1 Prise Weinstein

Für die Dekoration

Kakaopulver

Puderzucker

Schokoladenblätter (Seite 43)

*M*ehr Dessert als Kuchen, von herrlich saftiger Konsistenz und intensivem Schokoladengeschmack – das ultimative Backwerk. Zum Servieren – in Begleitung von geschlagener Sahne – sollte es Zimmertemperatur haben. So kommt sein wunderbarer Geschmack und zarter Schmelz am besten zur Geltung.

1 Die Schokolade mit der Butter zusammen schmelzen (Seite 34) und den Vanilleextrakt einrühren.

2 Das Eigelb mit der Hälfte des Zuckers weißschaumig schlagen. Die warme Schokoladenmasse unterrühren, danach die Mandeln, das Mehl und das Salz.

3 Das Eiweiß mit dem Weinstein aufschlagen, bis sich weiche Spitzen bilden. Den Rest Zucker hinzufügen und das Eiweiß steif schlagen.

4 Zur Lockerung einen großen Löffel Eischnee unter die Schokoladenmasse ziehen. Behutsam den restlichen Eischnee unterheben.

5 Den Teig in die vorbereitete Form geben und im vorgeheizten Ofen 40 Minuten backen oder so lange, bis an einem in der Kuchenmitte eingestochenen Holzstäbchen noch feuchte Krümel hängen bleiben. Den Kuchen zum Abkühlen in der Form auf einen Gitterrost stellen. Bevor der Kuchen aus der Form genommen wird, die Oberfläche leicht pressen.

6 Zum Dekorieren mit Kakaopulver überstäuben. Den Kuchen mit echten Blättern belegen, die den Schokoladenblättern in Form und Größe ähneln, und um diese herum Puderzucker stäuben. Die Blätter vorsichtig entfernen und den Kuchen so mit Schokoladenblättern belegen, dass die Blattformen aus Puderzucker sichtbar sind.

 Backtemperatur
190 °C/Gas Stufe 3

 Backzeit
40 Minuten

 Backform
Springform (20 cm Durchmesser), eingefettet und mit Backpapier ausgekleidet

 Ergibt
10–12 Stücke

 Haltbarkeit
Im Kühlschrank 3–4 Tage lang haltbar

Amaretti-Schokoladenkuchen

*B*ei diesem italienischen Schokoladenkuchen geben die Amaretti-Kekse mit ihrem kräftigen Mandelgeschmack den Ton an. Beim Backen entstehen zwei Schichten, da sich die Amaretti-Brösel in der unteren Hälfte des Kuchens absetzen.

ZUTATEN

180 g Butter

150 g extrafeiner Zucker

4 Eier, getrennt

90 g Weizenmehl, gesiebt

3/4 TL Backpulver

1 Prise Salz

90 g Amaretti-Kekse, zerbröselt

125 ml Vollmilch

60 g dunkle Schokolade (Kakaoanteil mindestens 70%), fein geraspelt (Seite 42)

1 Prise Weinstein

Puderzucker zum Bestäuben

1 Die Butter mit dem Zucker aufschlagen, bis die Masse schaumig ist. Die Eidotter nacheinander hinzufügen und gründlich unterschlagen.

2 Das Mehl mit dem Backpulver, dem Salz und den Keksbröseln vermischen und in kleinen Portionen abwechselnd mit der Milch unter die Butter-Eier-Masse ziehen. Die geraspelte Schokolade dazugeben.

3 Das Eiweiß mit dem Weinstein steif schlagen. Einen großen Löffel Eischnee zur Lockerung unter den Teig ziehen, anschließend den restlichen Eischnee unterheben.

4 Den Teig in die vorbereitete Form gießen und im vorgeheizten Ofen 45 Minuten lang backen oder so lange, bis an einem in der Kuchenmitte eingestochenen Stäbchen nichts mehr hängen bleibt. Den Schokoladenkuchen in der Form auf einem Gitterrost abkühlen lassen. Aus der Backform nehmen und mit gesiebtem Puderzucker bestäuben.

 Backtemperatur
180 °C/Gas Stufe 2–3

 Backzeit
45 Minuten

 Backform
Springform (Durchmesser 22 cm), eingefettet, den Boden mit Backpapier ausgelegt, erneut eingefettet und mit Mehl ausgestäubt

 Ergibt
8–10 Stücke

 Haltbarkeit
Im Kühlschrank 4–5 Tage lang haltbar

Torta di Castagne e Cioccolata

Diese typisch italienische Leckerei – irgendwo zwischen Dessert und Kuchen anzusiedeln – wird in vielen Teilen Italiens in Bäckereien und Konditoreien verkauft. Bei Zimmertemperatur mit einer Schüssel Crème fraîche oder sahnigem Mascarpone und Schokoladensauce servieren.

ZUTATEN

375 g vakuumverpackte Maronen, gekocht und geschält
150 ml Milch
250 g extrafeiner Zucker
5 Eier, getrennt
100 g Butter, weich
2 TL Vanilleextrakt
1/4 TL Salz
100 g dunkle Schokolade (Kakaoanteil mindestens 70%)
100 g Mandeln
Abgeriebene Schale von einer unbehandelten Zitrone
1 Prise Weinstein
Puderzucker zum Bestäuben

1 Die Maronen mit der Milch in eine Kasserolle geben und bei geschlossenem Deckel langsam zum Kochen bringen. Vom Herd nehmen und zum Abkühlen beiseite stellen.

2 Drei Esslöffel Zucker für den späteren Gebrauch abnehmen. In einer großen Schüssel den restlichen Zucker mit dem Eigelb aufschlagen, bis die Masse schaumig ist. Die weiche Butter, den Vanilleextrakt und das Salz untermischen.

3 Die Schokolade mit den Mandeln in einer Küchenmaschine fein reiben und in die Eimasse einrühren.

4 Die Maronen mit der Milch in der Küchenmaschine pürieren und unter die Eimasse rühren. Die abgeriebene Zitronenschale ebenfalls dazugeben.

5 Das Eiweiß mit dem Weinstein schlagen, bis sich weiche Spitzen bilden. Nach und nach den zurückbehaltenen Zucker einrieseln lassen und weitere 20 Sekunden schlagen oder so lange, bis der Eischnee glänzt. Zur Lockerung einen großen Löffel Eischnee unter den Teig ziehen, dann vorsichtig den Rest unterheben.

6 Den Teig in die vorbereitete Form gießen und im vorgeheizten Ofen 50 Minuten lang backen oder so lange, bis an einem in der Mitte eingestochenen Stäbchen beim Herausziehen nichts mehr hängen bleibt.

7 Den Kuchen auf einen Gitterrost stellen, mit einem Messer am Innenrand der Form entlangfahren und 10 Minuten ruhen lassen. Danach auf einen Gitterrost stürzen und abkühlen lassen. Vor dem Servieren mit Puderzucker bestäuben und nach Belieben Mascarpone und Schokoladensauce dazu reichen.

 Backtemperatur
180 °C/Gas Stufe 2–3

 Backzeit
50 Minuten

Backform
Kuchenform (24 cm Durchmesser; 4 cm hoch), eingefettet, den Boden mit Backpapier ausgelegt, erneut eingefettet und mit Mehl ausgestäubt

 Ergibt
12–16 Stücke

 Haltbarkeit
Im Kühlschrank 2–3 Tage lang haltbar

Gestreifter Käsekuchen

So kompliziert dieser Kuchen aussieht, so einfach ist er zuzubereiten. Durch das Übereinandergießen der hellen und der dunklen Masse erscheinen die Ringe wie von Zauberhand geschaffen. Der Käsekuchen erhält seine feine Konsistenz durch die Mischung von Quark mit cremigsahnigem Mascarpone.

ZUTATEN

Für den Krümelboden

225 g Vollkornkekse, fein zerbröselt
3 EL Kakaopulver, gesiebt
2 EL weicher brauner Zucker (hell)
90 g Butter, geschmolzen

Für die Füllung

500 g Quark
250 g Mascarpone
200 g extrafeiner Zucker
3 große Eier
150 g dunkle Schokolade, geschmolzen mit 50 ml Wasser
2 TL Vanilleextrakt

1 Für den Krümelboden die fein zerbröselten Kekse in eine Schüssel geben. Das Kakaopulver und den Zucker unterrühren. Mit der geschmolzenen Butter übergießen und die Bröselmasse mit einer Gabel vermischen. Die Masse gleichmäßig auf dem Boden einer Springform verteilen und andrücken. (Falls gewünscht 3 oder 4 Löffel der Masse zurückbehalten und nach dem Backen an den Seiten rings um den Käsekuchen andrücken.)

2 Den Boden im vorgeheizten Ofen bei 180 °C (Gas Stufe 2–3) 10 Minuten backen. Auf einem Gitterrost abkühlen lassen. Die Ofentemperatur auf 160 °C (Gas Stufe 1–2) herunterschalten.

3 Vorsichtig den Ring der Springform abnehmen und leicht mit Butter einfetten. Wenn der Krümelboden abgekühlt ist, die Springform wieder zusammensetzen.

 Backtemperatur
180 °C/Gas Stufe 2–3; dann
160 °C/Gas Stufe 1–2

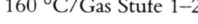

 Backzeit
10 Minuten für den Krümelboden;
70 Minuten für den Käsekuchen

 Backform
Springform (22 cm Durchmesser; 6 cm hoch), nur den Ring eingefettet

 Ergibt
12–14 Stücke

 **Haltbarkeit**
Im Kühlschrank 1 Woche lang haltbar

ZUBEREITUNG DER FÜLLUNG

1 Den Quark und den Mascarpone in eine große Schüssel geben. Mit Hilfe eines elektrischen Handrührgeräts oder Mixers glatt rühren. Mit dem Rühren fortfahren und den Zucker einrieseln lassen. Die Eier einzeln zugeben, dabei jedoch nur so lange schlagen, bis sie sich mit der Masse vermischt haben.

2 Ungefähr die Hälfte der Käsemasse in eine andere Schüssel füllen und die warme, mit dem Wasser geschmolzene Schokolade unterrühren. Jeweils 1 TL Vanilleextrakt sowohl der hellen Masse als auch der Schokoladenmasse hinzufügen.

3 Etwas weniger als die Hälfte der hellen Masse in die Mitte der Springform gießen; durch Schräghalten der Form die Masse gleichmäßig auf dem Krümelboden verteilen (Schritt 1, unten). Etwas weniger als die Hälfte der Schokoladenmasse behutsam in die Mitte über die helle Masse gießen und, ohne die Form schräg zu halten, warten, bis die Schicht von selbst verlaufen ist (Schritt 2, unten).

4 Abwechselnd nun die helle und dunkle Masse auf den Kuchen geben (mit der hellen Masse abschließen), bis beide aufgebraucht sind, dabei jeweils die Hälfte der restlichen Masse verwenden (Schritte 3–4, unten). Die helle Masse sollte für vier Schichten reichen, die Schokoladenmasse für drei.

5 Eine Schale mit heißem Wasser auf den Boden des Backofens stellen und den Käsekuchen eine Einschubleiste höher auf ein Blech setzen. Siebzig Minuten lang backen oder so lange, bis die helle Masse in der Mitte gerade fest geworden ist. Die Schokoladenmasse wird beim Abkühlen fest.

6 Den Kuchen aus dem Ofen nehmen und mit einem Messer an der Innenseite der Form entlangfahren, um ihn zu lösen. Zum Abkühlen den Käsekuchen in der Form auf einen Gitterrost stellen.

7 Den Ring der Springform vorsichtig entfernen. Den Käsekuchen in den Kühlschrank stellen, bis er gut durchgekühlt ist. Dann den Kuchen mit Hilfe einer Palette vom Springformboden lösen und auf eine Tortenplatte umsetzen. Den Käsekuchen eine Stunde vor dem Servieren aus dem Kühlschrank nehmen.

Durch sein Ringmuster wirkt dieser Käsekuchen besonders attraktiv.

Die Zubereitung des Käsekuchens

1 *Etwa die Hälfte der hellen Käsemasse in die Backform gießen und gleichmäßig auf dem Krümelboden verteilen.*

2 *Die Masse für den ersten Schokoladenring in die Mitte der hellen Schicht geben. Sie schiebt dabei die helle Masse nach außen.*

3 *Mit Hilfe einer Tasse die nachfolgenden Schichten ausgießen: Dadurch hat man eine bessere Kontrolle über die Menge.*

4 *Die helle Masse sollte die letzte Schicht bilden. Die Backform wird bis auf etwa 2 cm unter den Rand gefüllt.*

Die Streifen ziehen sich durch den ganzen Käsekuchen.

Herzkuchen zum Valentinstag

Gibt es anlässlich des Valentinstags eine schönere Art, seiner Liebe Ausdruck zu verleihen, als mit einem geliebten Menschen diesen prachtvollen, mit Rosen dekorierten, herzförmigen Kuchen zu teilen?

Rosen und Blätter aus Schokoladenmarzipan schmücken diesen Kuchen.

ZUTATEN

Für den Teig

1 Menge Teig nach dem Rezept von Le Diabolo (Seite 73)

Für das Schokoladenmarzipan

2 EL Kakaopulver

4–5 TL kochendes Wasser

875 g helle Marzipanrohmasse

Für die Dekoration

3 EL Aprikosenmarmelade, mit 1 EL Wasser erwärmt und durch ein Sieb gestrichen (Aprikosenglasur)

4 Rosen aus Schokoladenmarzipan (Seite 48) und 14 Blätter (unten)

3 m Dekoband (1 cm breit)

1 Den Teig von Le Diabolo zubereiten und in die vorbereitete Backform geben. Im vorgeheizten Ofen etwa 1 Stunde lang backen oder so lange, bis an einem in der Mitte eingestochenen Stäbchen nichts mehr hängen bleibt.

2 Den Kuchen in der Form zum Abkühlen auf einen Gitterrost stellen. Danach aus der Form nehmen und das Backpapier abziehen.

3 Für das Schokoladenmarzipan das Kakaopulver mit gerade so viel kochendem Wasser mischen, dass eine glatte, dicke Paste entsteht. Abkühlen lassen, dann in die Marzipanrohmasse kneten, bis diese eine gleichmäßig schokoladenbraune Färbung angenommen hat. Wird das Marzipan nicht gleich weiterverarbeitet, in Frischhaltefolie wickeln und kühl stellen.

ZUSAMMENSETZEN DES KUCHENS

1 Den Kuchen auf die Tortenplatte setzen und mit der warmen Aprikosenglasur bestreichen.

2 Ein Drittel des Marzipans beiseite legen. Den Rest kreisförmig (etwa 26 cm Durchmesser) auf einer leicht mit Kakaopulver bestäubten Arbeitsfläche ausrollen.

3 Das Marzipan mit Hilfe des Nudelholzes vorsichtig aufnehmen und über den Kuchen breiten. Die Finger mit etwas Kakaopulver bestäuben und das Marzipan behutsam an der Kuchenoberfläche andrücken.

4 Das Marzipan sorgfältig um den unteren Rand schlagen und die Ränder entsprechend beschneiden. Die Reste zur Seite legen.

5 Ungefähr zwei Drittel des restlichen Marzipans auf einer leicht mit Kakaopulver bestäubten Arbeitsfläche sehr dünn und auf eine Größe ausrollen, die ausreicht, um die Tortenplatte damit zu überziehen.

6 Den Kuchen vorsichtig von der Tortenplatte nehmen und beiseite stellen. Das Marzipan mit Hilfe des Nudelholzes aufnehmen, über die Tortenplatte breiten und glatt streichen. Um die obere Kante schlagen und überschüssiges Marzipan abschneiden. Die Marzipanreste für die Dekoration aufheben.

7 Zum Fixieren des Kuchens etwas Aprikosenglasur in der Mitte der marzipanbedeckten Tortenplatte verstreichen und den Kuchen zurück auf die Platte setzen.

HERSTELLEN UND ARRANGIEREN DER DEKORATION

1 Die übrig gebliebenen Marzipanreste zusammenkneten und für die Herstellung der Rosen (Seite 48) und Blätter verwenden. Um Blätter herzustellen, ein kleines, sauberes Rosenblatt auf ein dünn ausgerolltes Stückchen Marzipan drücken, mit einem Messer an den Blatträndern außen entlangschneiden und die Blätter vom Marzipan abziehen. Mit den Fingern in die gewünschte Form biegen. Die Rosen und die Blätter zum Festwerden an einem warmen, trockenen Ort aufbewahren (da sie aus Marzipan sind, werden sie durch das Trocknen nicht zu hart).

2 Die Rosen und die Blätter auf dem Kuchen arrangieren, dabei ganz behutsam festdrücken. Das Dekoband unten um den Kuchen und um den Rand der Tortenplatte herumlegen und mit Stecknadeln aus Edelstahl feststecken.

 Backtemperatur
180 °C/
Gas Stufe 2–3

 Backzeit
Etwa 1 Stunde

 Backzubehör
Herzförmige Backform (20 cm Durchmesser), eingefettet und mit Antihaft-Backpapier ausgekleidet; dicke, herzförmige Tortenplatte (25 cm Durchmesser)

 Ergibt
16–20 Stücke

 Haltbarkeit
Im Kühlschrank 2–3 Tage lang haltbar

 Vorbereitungsmöglichkeit
Die Aprikosenglasur lässt sich einen Tag zuvor herstellen; das Schokoladenmarzipan kann man einige Stunden im Voraus zubereiten.

DER HERZKUCHEN ZUM VALENTINSTAG
Dieses romantische, mit Rosen geschmückte Herz birgt ein doppeltes schokoladiges Geheimnis: Unter der Hülle aus herrlichem Schokoladenmarzipan lockt ein köstlicher Schoko-Mandel-Kuchen.

Durch die Rosen bekommt dieser besondere Kuchen einen wunderbar romantischen Touch.

Schokolade zur Kaffeestunde

Selbst gebackene Blechkuchen sind überall sehr beliebt, das gilt auch für die Brownies, mit denen das Kapitel beginnt. Sie sind leicht zuzubereiten, und das Grundrezept lässt sich hervorragend abwandeln, so dass man zwischen zahlreichen Variationen wählen kann. Ebenso einfach in der Zubereitung und köst-

lich im Geschmack sind die Schokoladenmuffins und das Bischofsbrot, ein leckerer Teekuchen mit Schokolade. Besonders geschätzt werden auch die kleinen Köstlichkeiten aus Brandteig, die Éclairs und Profiteroles und die Meringen, die sich hier ebenfalls von ihrer Schokoladenseite zeigen.

Das bringt Wirbel in die Schokolade: Marmor-Brownies, die nur darauf warten, angeschnitten zu werden.

Brownies

Es gibt wohl Hunderte von Brownie-Rezepten – dieses gehört auf jeden Fall zu den besten. Nicht zu verachten ist auch die Tatsache, dass die Zubereitung so schnell von der Hand geht. Es existiert eine ebenso einfache marmorierte Variante, bei der die Walnüsse durch Quark ersetzt werden.

ZUTATEN

125 g Butter
50 g Kakaopulver
2 Eier
250 g extrafeiner Zucker
60 g Weizenmehl
1/2 TL Backpulver
1 Prise Salz
100 g Walnüsse

1 Die Butter in einer schweren, kleinen Kasserolle behutsam schmelzen. Den Kakao gründlich unterrühren und beiseite stellen.

2 Die Eier schaumig schlagen. Nach und nach den Zucker einrieseln lassen, danach die Schokoladenmasse einrühren. Das Mehl mit dem Backpulver und dem Salz mischen, über die Schokoladenmasse sieben und unterziehen. Die Walnüsse ebenfalls unterziehen.

3 Den Teig in die vorbereitete Form gießen und im vorgeheizten Ofen 30–35 Minuten backen oder so lange, bis er durchgebacken ist und sich bei leichtem Druck elastisch anfühlt. Brownies schmecken am besten, wenn sie noch etwas feucht sind,

daher darauf achten, dass sie nicht zu lange gebacken werden.

4 Den fertig gebackenen Kuchen in der Form abkühlen lassen. Anschließend aus der Form nehmen und in quadratische Stücke schneiden. Nach Belieben 60 g dunkle Schokolade schmelzen (Seite 32) und den Kuchen vor dem Schneiden damit bestreichen.

VARIANTE

Marmor-Brownies

Für die Marmor-Brownies die Nüsse durch 1 TL Vanilleextrakt ersetzen. Für den hellen Teig 180 g Quark, 1 Ei und 90 g extrafeinen Zucker zusammen aufschlagen; 30 g Weizenmehl, 1/4 TL Backpulver und 1 Prise Salz mischen, über die Masse sieben und unterziehen. 1 TL Vanilleextrakt hinzufügen.
Drei Viertel der Brownie-Grundmasse in die vorbereitete Form gießen und die Quarkmasse darüber verteilen. Von der zurückbehaltenen Brownie-Masse löffelweise Kleckse auf die Quarkmasse setzen und mit einem Messer spiralförmig vermischen, um den Marmoreffekt zu erzielen. 35–40 Minuten backen oder so lange, bis sich der Kuchen bei leichtem Druck elastisch anfühlt.

 Backtemperatur
180 °C/Gas Stufe 2–3

 Backzeit
30–35 Minuten

 Backform
Quadratische Kuchenform (20 cm), den Boden mit Backpapier ausgelegt

 Ergibt
16 quadratische Stücke

 Haltbarkeit
Im Kühlschrank 3–4 Tage lang haltbar

 Einfrieren
1–2 Monate (ohne Glasur)

Marmor-Brownie

Blonde Brownies

Dies ist eine weniger gehaltvolle Variante des klassischen Brownie-Rezepts, die nach Karamell schmeckt. Wie bei allen Brownies verfestigt sich beim Abkühlen die Konsistenz, daher ist es wichtig, dass sie nicht zu lange gebacken werden. Durch das Abkühlen in der Form bleibt der Kuchen besser feucht und saftig.

ZUTATEN

75 g Kristallzucker
2 EL Wasser
180 g Butter
180 g weicher brauner Zucker (hell)
2 Eier, leicht aufgeschlagen
200 g Weizenmehl, gesiebt
2 TL Backpulver
1 Prise Salz
90 g Walnüsse, gehackt
90 g dunkle Schokolade, in erbsengroße Stücke gehackt (Seite 32)

1 Den Kristallzucker langsam in einer kleinen, schweren Kasserolle erhitzen, bis er schmilzt und karamellisiert. Wenn der Zucker beginnt, Farbe anzunehmen, die Kasserolle schwenken. Vom Herd nehmen, wenn der Zucker die Farbe von dunklem Karamell hat. Mit ausgestrecktem Arm (wegen des

Spritzens) das Wasser zugeben. Mit einem Holzlöffel glatt rühren.

2 Die Butter glatt rühren und zusammen mit dem Zucker schaumig schlagen. Nach und nach die Eier unterrühren. Den Karamell ebenfalls unterrühren; ist er nicht mehr flüssig genug, vorsichtig erneut erhitzen.

3 Das Mehl mit dem Backpulver und Salz mischen, sieben und unter die Masse heben. Walnüsse und Schokoladenstückchen unterziehen.

4 Den Teig in die vorbereitete Form geben. Im vorgeheizten Ofen 40–45 Minuten backen oder so lange, bis an einem in der Kuchenmitte eingestochenen Stäbchen nichts mehr hängen bleibt. Mit einem Messer an der Innenseite der Form entlangfahren und den Kuchen 10 Minuten in der Form ruhen lassen. Herausnehmen und in quadratische Stücke schneiden.

 Backtemperatur
180 °C/Gas Stufe 2–3

 Backzeit
40–45 Minuten

 Backform
Quadratische Kuchenform (20 cm), den Boden mit Backpapier ausgelegt

 Ergibt
16 quadratische Stücke

 Haltbarkeit
In einem luftdichten Behälter 3–4 Tage lang haltbar

 Einfrieren
2 Monate

Schokoladenmuffins

Ein locker-leichtes Schokoladenmuffin mit einer Überraschung im Innern. Besonders köstlich mit Vanilleeis.

ZUTATEN

125 g Butter

90 g Kristallzucker

30 g weicher brauner Zucker (dunkel)

2 Eier

1 TL Vanilleextrakt

200 g Weizenmehl

2 TL Backpulver

20 g Kakaopulver

$^1/_4$ TL Salz

150 ml Milch

60 g dunkle Schokolade, in 1 cm große Stücke geschnitten

1 Die Butter glatt rühren, die beiden Zuckersorten unterrühren und die Masse schlagen, bis sie eine lockere Konsistenz hat. Die Eier leicht mit dem Vanilleextrakt verrühren und nach und nach unter die Masse schlagen.

2 Das Mehl mit dem Backpulver, dem Kakaopulver und dem Salz zweimal sieben. Die Mehlmischung abwechselnd mit der Milch unter die Buttermasse ziehen.

3 Die Papierförmchen in die Vertiefungen des Muffinblechs oder in die Muffinförmchen stellen und zur Hälfte mit dem Teig füllen. Ein paar Schokoladenstücke darauf legen und mit einem Löffel Teig bedecken. Die leeren Vertiefungen im Muffinblech zur Hälfte mit Wasser füllen, um ein gleichmäßiges Backen zu gewährleisten.

4 Etwa 20 Minuten im vorgeheizten Ofen backen oder so lange, bis die Schokoladenmuffins aufgegangen sind und sich bei leichtem Druck elastisch anfühlen. Vorsichtig aus dem Muffinblech nehmen und auf einem Gitterrost abkühlen lassen. Am besten schmecken die Muffins frisch gebacken.

 Backtemperatur
190 °C/Gas Stufe 3

 Backzeit
20 Minuten

 Backform
Muffinblech mit 2,5 cm tiefen Vertiefungen oder 12 einzelne Muffinförmchen, mit Papierförmchen ausgekleidet

 Ergibt
12 Muffins

 Haltbarkeit
In einem luftdichten Behälter 3–4 Tage lang haltbar, am besten schmecken sie jedoch frisch.

Fudge-Riegel

Diese Fudge-Riegel lassen sich in kürzester Zeit zubereiten, sind die ideale Ergänzung zu einer Tasse Kaffee oder schmecken einfach so als kleiner Snack zwischendurch.

ZUTATEN

75 g Haselnüsse, geröstet und geschält (Seite 39)

300 g dunkle Schokolade

150 g Butter

$^1/_4$ TL Salz

150 g Vollkornkekse

1 Die gerösteten und geschälten Haselnüsse per Hand oder in der Maschine grob hacken.

2 Die Schokolade mit der Butter und dem Salz bei sehr niedriger Temperatur oder über einem Wasser-

bad (Seite 32) behutsam schmelzen. Die Kekse in 1 cm große Stücke schneiden. Kekse und Nüsse mit der Schokolade vermischen.

3 Die Masse in die vorbereitete Form geben und so andrücken, dass eine gleichmäßige Platte entsteht. Mindestens 2 Stunden kühl stellen, bevor die Platte in Riegel geschnitten werden kann.

VARIANTE

Die Haselnüsse durch eine Mischung aus Walnüssen oder Mandeln mit Rosinen, gehackter Citrusschale oder kandiertem Ingwer ersetzen.

 Backform
Quadratische Kuchenform (18 cm), mit Antihaft-Backpapier ausgekleidet

 Ergibt
14 Riegel

 Haltbarkeit
Im Kühlschrank gut eingewickelt 1 Woche lang haltbar

Bischofsbrot

Schokolade, Zitrone und Nüsse sind die Geschmacks-komponenten, aus denen dieser saftige, buttrige Teekuchen besteht.

ZUTATEN

100 g Weizenmehl
30 g Maisstärke
1 TL Backpulver
1 Prise Salz
140 g Butter
140 g extrafeiner Zucker
2 Eier
1 TL Vanilleextrakt
30 g Sultaninen
30 g Walnüsse, gehackt
Abgeriebene Schale von 1/2 unbehandelten Zitrone
40 g dunkle Schokolade, in erbsengroße Stücke gehackt (Seite 32)
Puderzucker zum Bestäuben

1 Das Mehl, die Maisstärke, das Backpulver und das Salz zusammen in eine Schüssel geben, gut vermischen und dreimal sieben. Beiseite stellen.

2 Die Butter mit dem Zucker zusammen schaumig schlagen. Die Eier und den Vanilleextrakt leicht aufschlagen und nach und nach unter die Buttermasse ziehen.

3 Die Mehlmischung vorsichtig unter die Masse heben, immer nur ein Drittel auf einmal, dazu einen großen Metalllöffel verwenden. Nicht zu lange rühren. Die Sultaninen, die Walnüsse, die abgeriebene Zitronenschale und die Schokolade unterziehen.

4 Den Teig in die vorbereitete Form gießen und in der Mitte des vorgeheizten Ofens 45–50 Minuten lang backen oder so lange, bis an einem in der Kuchenmitte eingestochenen Stäbchen nichts mehr hängen bleibt.

5 Das Bischofsbrot in der Form 5 Minuten ruhen lassen, bevor es zum vollständigen Abkühlen auf einen Gitterrost gestürzt wird. Vor dem Servieren das Bischofsbrot mit Puderzucker bestäuben.

 Backtemperatur
180 °C/Gas Stufe 2–3

 Backzeit
45–50 Minuten

 Backform
Kastenform (500 g Inhalt), eingefettet und den Boden mit Backpapier ausgelegt

 Ergibt
10 Stücke

 Haltbarkeit
In einem luftdichten Behälter 4–5 Tage lang haltbar

 Einfrieren
1–2 Monate

Schwarzweiße Meringen

Meringen sind vielseitig verwendbar und leicht herzustellen – hier wird das Grundrezept für weiße Meringen und das abgewandelte Rezept für die schokoladenbraune Version vorgestellt. Beide Meringensorten können mit Eiscreme oder sommerlichen Beerenfrüchten serviert werden, oder auch gefüllt mit verschiedenen Cremes.

ZUTATEN

4 Eiweiß
1 Prise Weinstein
200 g extrafeiner Zucker
150 g dunkle Kuvertüre oder Schokolade, geschmolzen (Seite 33)
250 ml Schlagsahne

1 Das Eiweiß mit dem Weinstein schlagen, bis sich weiche Spitzen bilden. Den Zucker esslöffelweise nach und nach hinzugeben und kräftig weiterschlagen, bis die Meringenmasse sehr steif ist.

2 Mit einem Löffel Nocken von der Meringenmasse abstechen, diese mit Hilfe eines zweiten Löffels zu Ovalen formen und im Abstand von 2 cm auf die vorbereiteten Backbleche setzen. Die Masse sollte für etwa 36 Meringen reichen.

3 Die Meringen im vorgeheizten Ofen 1 Stunde backen. Den Ofen ausschalten und die Meringen im Ofen abkühlen lassen. Vorsichtig vom Backpapier abziehen.

4 Die Schokolade langsam im Wasserbad schmelzen (Seite 33). Die Unterseite jeder Meringe in die geschmolzene Schokolade tauchen und die Meringen anschließend zum Erstarren mit der Schokoladenseite nach unten auf Antihaft-Backpapier setzen.

5 Die Sahne schlagen, bis sie weiche Spitzen bildet. Jeweils zwei Meringen mit einem Sahneklecks zusammensetzen und auf die Seite gelegt in Papiermanschetten oder Papierförmchen setzen. So sehen die Doppelmeringen hübsch aus und lassen sich besser anfassen.

VARIANTE

Schokomeringen
Die Meringenmasse mit 2 1/2 EL Kakaopulver übersieben und den Kakao zusammen mit 1/2 TL Vanilleextrakt unterziehen. Die Meringenmasse, wie im Grundrezept beschrieben, zu Ovalen geformt auf ein Backblech setzen und backen. Die Masse kann auch mit Hilfe eines Spritzbeutels aus Nylon mit mittlerer Tülle auf das Blech gespritzt werden. Die fertigen Meringen nach Belieben mit Schlagsahne füllen.

 Backtemperatur
120 °C/Gas Stufe 1/2

 Backzeit
1 Stunde

 Backformen
Zwei Backbleche, mit Antihaft-Backpapier ausgelegt

 Ergibt
18 doppelte Meringen

 Haltbarkeit
Ungefüllte Meringen ohne Schokoladenglasur halten sich 1–2 Monate lang in einem luftdichten Behälter.

Profiteroles

Profiteroles werden immer gern gegessen. Besonders verführerisch sind sie mit einer Füllung aus Eiscreme oder aromatisierter geschlagener Sahne, wie der Kaffeecreme, die hier verwendet wird.

ZUTATEN

Für den Brandteig

100 g Hartweizenmehl

75 g Butter, in kleine Stücke geschnitten

175 ml Wasser

1/2 TL Salz

2–3 Eier

Für die Kaffeecremefüllung

300 ml Schlagsahne

2 EL extrafeiner Zucker

2 EL starker Espresso oder Mokka, abgekühlt

Für die Schokoladensauce

100 ml Wasser

30 g Butter

150 g dunkle Schokolade, zerkleinert (Seite 32)

2 EL Grand Marnier

1 Das Mehl auf einen Bogen fettdichtes Papier sieben.

2 Die Butter mit dem Wasser und dem Salz in einer Kasserolle zum Kochen bringen. Vom Herd nehmen und das Mehl mit Hilfe des Papiers auf einmal hineingeben; sofort mit einem Kochlöffel aus Holz unterrühren. Bei sehr niedriger Temperatur weiterschlagen, bis eine weiche Masse entstanden ist, die sich vom Rand der Kasserolle löst (Schritt 1–2, unten).

3 Vom Herd nehmen, leicht abkühlen lassen und zwei Eier nacheinander dazugeben, das nächste jedoch erst, wenn das erste gründlich untergerührt ist. Vom dritten Ei nur so viel hinzufügen, dass der Teig schwer reißend vom Löffel fällt (Schritte 3–4, unten).

4 Die Masse in einen Spritzbeutel mit Lochtülle (1 cm Durchmesser) füllen. Den Teig in kleinen Häufchen im Abstand von 5 cm auf das vorbereitete Backblech spritzen. Im vorgeheizten Ofen 20–25 Minuten backen oder so lange, bis das Gebäck knusprig ist. Das Backblech aus dem Ofen nehmen und die Unterseite jeder Brandteigkugel mit einem Stäbchen durchstechen. Den Ofen ausschalten und das Gebäck für weitere 5 Minuten in den Backofen stellen, dabei die Ofentür einen Spaltbreit geöffnet lassen.

5 Für die Kaffeecremefüllung die Sahne mit den anderen Zutaten mischen und schlagen, bis sie weiche Spitzen bildet. Die Profiteroles quer halbieren und mit der Creme füllen.

6 Für die Schokoladensauce das Wasser mit der Butter zum Kochen bringen, vom Herd nehmen, die Schokolade und den Likör unterrühren. Die Sauce kann heiß oder kalt serviert werden, über die Profiteroles verteilt oder extra in einem Kännchen.

 Backtemperatur
200 °C/Gas Stufe 3–4

 Backzeit
20–25 Minuten

 Backform
Flaches Backblech, eingefettet

 Ergibt
Etwa 48 Stück

 Haltbarkeit
Ungefüllt in einem luftdichten Behälter 24 Stunden lang haltbar

 Einfrieren
2 Monate, ungefüllt; auftauen, danach im vorgeheizten Ofen bei 180 °C/Gas Stufe 2–3 für ein paar Minuten aufbacken, damit die Profiteroles wieder knusprig werden.

Die Herstellung von Brandteig

1 *Das Mehl auf einen Bogen fettdichtes Papier sieben. Die Butter mit dem Wasser und dem Salz zusammen in einer schweren Kasserolle schmelzen und sprudelnd aufkochen lassen.*

2 *Die Kasserolle vom Herd nehmen und das Mehl auf einmal hineingeben. Die Masse bei niedriger Temperatur mit einem Holzlöffel schlagen, bis sie sich vom Rand der Kasserolle löst.*

3 *Zwei bis drei Eier nacheinander sehr gründlich unter die abgekühlte Masse schlagen, bis sie glatt und glänzend, aber noch etwas fest ist.*

Éclairs

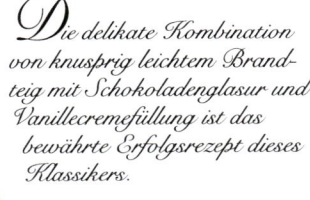

Die delikate Kombination von knusprig leichtem Brandteig mit Schokoladenglasur und Vanillecremefüllung ist das bewährte Erfolgsrezept dieses Klassikers.

ZUTATEN

Für den Brandteig

1 Menge Brandteig nach dem Rezept für Profiteroles *(vorherige Seite)*

Für die Schokoladenglasur

30 g Kakaopulver
30 g extrafeiner Zucker
5 EL Wasser
180 g Puderzucker

Für die Konditorcreme

500 ml Milch
1 Vanilleschote, längs halbiert
6 Eigelb
125 g Kristallzucker
50 g Weizenmehl, gesiebt

1 Den Brandteig wie im Rezept *Profiteroles* beschrieben herstellen. In einen Spritzbeutel mit Lochtülle (1 cm Durchmesser) füllen. Zwölf Streifen (jeweils 7 cm lang) mit ausreichendem Abstand auf das vorbereitete Backblech spritzen.

2 Im vorgeheizten Ofen 20–25 Minuten backen, bis das Gebäck trocken und knusprig ist. Die Éclairs quer halbieren, wenn sie noch warm sind, damit die Feuchtigkeit vollständig entweichen kann. Auf einem Gitterrost abkühlen lassen.

3 Für die Schokoladenglasur das Kakaopulver, den extrafeinen Zucker und das Wasser in einer kleinen Kasserolle unter ständigem Rühren zum Kochen bringen. Vom Herd nehmen, mit dem Puderzucker übersieben und glatt rühren.

4 Die oberen Hälften der Éclairs in die noch warme Schokoladenglasur tauchen. Mit der Schokoladenseite nach oben auf einem Gitterrost abkühlen lassen.

FÜR DIE KONDITORCREME

1 Für die Konditorcreme die Milch mit der Vanilleschote aufkochen. Vom Herd nehmen, abdecken und 15 Minuten ziehen lassen.

2 Das Eigelb mit dem Zucker weißschaumig aufschlagen, dann das Mehl einrühren. Die Vanilleschote aus der Milch nehmen und diese erneut aufkochen. (Die Vanilleschote kann nach Belieben noch zur Herstellung von Vanillezucker verwendet werden, indem sie getrocknet in ein Glas mit Zucker gelegt wird.)

3 Die Milch vom Herd nehmen und die Eimasse unterschlagen; bei niedriger Temperatur unter ständigem Rühren weiterköcheln lassen, bis die Masse eindickt. Noch mindestens 5 Minuten simmern lassen, damit kein unerwünschter Mehlgeschmack zurückbleibt.

4 Die Oberfläche der Creme mit Frischhaltefolie bedecken, damit sich keine Haut bildet, und abkühlen lassen. Die abgekühlte Creme jeweils portionsweise in die untere Hälfte der Éclairs füllen. Die oberen Hälften auf die Creme setzen und die Éclairs möglichst bald servieren.

 Backtemperatur
200 °C/Gas Stufe 3–4

 Backzeit
20–25 Minuten

 Backform
Flaches Backblech, eingefettet

 Ergibt
12 Stück

 Haltbarkeit
Vorzugsweise sofort nach der Zubereitung verzehren

Die Profiteroles zu einer Pyramide auftürmen und mit Schokoladensauce servieren.

4 *Nur so viel vom dritten Ei unterrühren – das ist möglicherweise nur die Hälfte –, dass der Teig schwer reißend vom Löffel fällt. Eireste können für die Glasur verwendet werden.*

Brandteig wird mit dem Spritzbeutel auf ein Backblech gespritzt.

Gebäck

Zu den unwiderstehlichsten Keksen und Plätzchen gehören die eleganten Florentiner und der Liebling der Amerikaner, der Toll House Cookie. Aber auch die Schokoladenvariante der in Italien sehr beliebten Biscotti ist hier zu finden, die gern in Kaffee oder Dessertwein getaucht gegessen werden. Gebäck kann sehr zeitaufwendig in der Herstellung sein, doch durch eine gute Vorbereitung – wozu auch gehört, dass alle Zutaten bei Zubereitungsbeginn Zimmertemperatur haben – kann man eine Menge Zeit sparen. Da Kekse und Plätzchen lange haltbar sind, empfiehlt es sich oft, die doppelte Menge zuzubereiten. Der Zeitaufwand ist dabei nur unwesentlich größer.

Florentiner

Diese besonderen Plätzchen sind keinesfalls so schwierig herzustellen, wie ihr Äußeres befürchten lässt, im Gegenteil! Sie können mit weißer Schokolade oder Milchschokolade überzogen werden oder ganz traditionell mit dunkler Schokolade. Geschmolzene Schokoladenreste eignen sich hervorragend als zusätzliche attraktive Verzierung der Plätzchen.

ZUTATEN

Für den Teig

50 g Butter
5 EL Schlagsahne
60 g extrafeiner Zucker
30 g Haselnüsse, gehackt
30 g Mandelblättchen
50 g gemischte kandierte Zitrusschale und kandierte Kirschen, gehackt
30 g Weizenmehl
1 Prise Salz

Für die Glasur

60 g weiße Schokolade
60 g dunkle Schokolade

1 Die Butter mit der Schlagsahne und dem Zucker zusammen in einer Kasserolle schmelzen und behutsam bis zum Siedepunkt erhitzen. Vom Herd nehmen und die gehackten Haselnüsse, die Mandelblättchen und die gemischten kandierten Früchte zugeben. Gründlich unterrühren, anschließend Mehl und Salz einrühren.

2 Gehäufte Teelöffel der Masse im Abstand von jeweils 7 cm auf das vorbereitete Backblech setzen. Mit einer feuchten Gabel gleichmäßig flach drücken.

3 Im vorgeheizten Ofen ungefähr 10 Minuten backen oder so lange, bis die Ränder goldbraun sind. Perfekte runde Plätzchen gibt es, wenn man die Ränder mit einer runden Ausstechform (7 cm Durchmesser) begradigt. Die Plätzchen 5 Minuten lang auf dem Backblech abkühlen lassen, bis sich ihre Konsistenz verfestigt hat, dann zum vollständigen Abkühlen vorsichtig auf einen Gitterrost umsetzen.

4 Die Schokoladensorten für die Glasur getrennt schmelzen (Seite 33). Die Unterseite der Plätzchen mit einer Schokoladensorte bestreichen und mit der bestrichenen Seite nach oben auf einem Gitterrost erstarren lassen. Bevor die Glasur vollständig erstarrt ist, mit einer Gabel oder einem Zackenschaber Wellenlinien in die Schokolade ziehen. Mit der übrig gebliebenen geschmolzenen Schokolade die Plätzchen linienförmig verzieren.

 Backtemperatur
180 °C/Gas Stufe 2–3

 Backzeit
10 Minuten

 Backformen
Zwei flache Backbleche, eingefettet

 Ergibt
24 Stück

 Haltbarkeit
In einem luftdichten Behälter 1 Woche lang haltbar

PLÄTZCHEN AUS EIGENER HERSTELLUNG
*Die frisch gebackenen Plätzchen in
diesem Glas sind allesamt herrlich
einfach herzustellen und schmecken so
gut, dass sie genauso fix aufgegessen
wie gebacken sind. Daher ist es ratsam,
man bereitet gleich die zwei- oder
dreifache Menge zu.*

*Florentiner
(vorherige Seite)*

*Schoko-
Vanille-Schnecken
(Seite 88)*

*Toll House
Cookies
(Seite 86)*

Toll House Cookies

Diese Plätzchen gehören von jeher in den Vereinigten Staaten zu den Lieblings-Cookies – und das zu Recht. Wohl jeder amerikanische Bäcker hat sein Spezialrezept für dieses unwiderstehliche Gebäck. Diese Variante ist besonders lecker. Einen dünneren, knusprigeren Keks erhält man durch Zugabe von 2–3 Esslöffeln Wasser.

ZUTATEN

125 g Butter

50 g extrafeiner Zucker, durch Beigabe einer Vanilleschote aromatisiert (Seite 83: Konditorcreme, Schritt 2)

90 g weicher brauner Zucker (dunkel)

1 Ei

1 TL Vanilleextrakt

125 g Weizenmehl

1/2 TL Natron

1/2 TL Salz

125 g dunkle Schokolade, in erbsengroße Stücke gehackt (Seite 32)

60 g Walnüsse, gehackt

1 Die Butter glatt rühren und mit den beiden Zuckersorten aufschlagen, bis die Masse locker und schaumig ist.

Die Eier mit dem Vanilleextrakt leicht aufschlagen und unter die Buttermasse rühren.

2 Das Mehl mit dem Natron und dem Salz mischen, über die Masse sieben und unterziehen. Die gehackte Schokolade und die Nüsse einrühren.

3 Gehäufte Teelöffel des Teigs auf die vorbereiteten Backbleche setzen; darauf achten, dass die einzelnen Cookies ausreichend Platz zum Aufgehen haben.

4 Die Cookies im vorgeheizten Ofen blechweise 10–12 Minuten backen, bis sie leicht gebräunt sind. Einige Minuten auf dem Blech ruhen lassen, dann auf einen Gitterrost umsetzen.

 Backtemperatur
180 °C/Gas Stufe 2–3

 Backzeit
10–12 Minuten

 Backformen
Zwei bis drei flache Back-bleche, eingefettet

 Ergibt
Etwa 30 Stück

 Haltbarkeit
In einem luftdichten Behälter 1 Woche lang haltbar

Chocolate Chip Cookies mit weißer Schokolade

Diese knusprige Variante der Toll House Cookies schmeckt nach Karamell und enthält kleine Stückchen weißer Schokolade.

ZUTATEN

125 g Butter

60 g weicher brauner Zucker (hell)

75 g weicher brauner Zucker (dunkel)

1 Ei

1 TL Vanilleextrakt

180 g Weizenmehl

1/2 TL Natron

1/2 TL Salz

150 g weiße Schokolade, in erbsengroße Stücke gehackt (Seite 32)

60 g Pekannüsse, gehackt

1 Die Butter cremig rühren, die beiden Zuckersorten unterrühren und zusammen schaumig schlagen. Das Ei mit dem Vanilleextrakt leicht

aufschlagen, nach und nach unter die cremige Masse rühren.

2 Das Mehl zusammen mit dem Natron und dem Salz sieben und unter die Masse ziehen. Die Schoko-ladenstückchen und die Nüsse einrühren.

3 Den Teig zu 3–4 cm großen Kugeln formen und im Abstand von 3 cm auf die vorbereiteten Backbleche setzen. Mit der Handfläche gleichmäßig flach drücken.

4 Die Cookies im vorgeheizten Ofen 10–12 Minuten backen, bis sie leicht gebräunt sind. Einige Minu-ten auf dem Blech ruhen lassen, dann zum vollständigen Abkühlen auf einen Gitterrost umsetzen.

 Backtemperatur
180 °C/Gas Stufe 2–3

 Backzeit
10–12 Minuten

 Backformen
Zwei flache Backbleche, mit Antihaft-Backpapier ausgelegt

 Ergibt
18 Stück

 Haltbarkeit
In einem luftdichten Behälter 1 Woche lang haltbar

Chocolate Chip Cookies mit Erdnussbutter

Kinder lieben diese Cookies. Durch die Erdnussbutter bekommen die Kekse ihren kernigen Biss und den kräftigen Geschmack.

ZUTATEN

125 g Butter

90 g weicher brauner Zucker (dunkel)

125 g Erdnussbutter mit Erdnussstückchen

1 Ei

1 TL Vanilleextrakt

180 g Weizenmehl

$^1/_2$ TL Natron

$^1/_2$ TL Salz

125 g dunkle Schokolade, in erbsengroße Stücke gehackt (Seite 32)

1 Die Butter mit dem Zucker schaumig schlagen. Die Erdnussbutter unterrühren. Das Ei mit dem Vanilleextrakt leicht aufschlagen, nach und nach unter die cremige Masse rühren.

2 Das Mehl zusammen mit dem Natron und dem Salz sieben und unter die Masse ziehen. Die gehackte Schokolade einrühren.

3 Gehäufte Teelöffel des Teigs im Abstand von 3–4 cm auf die vorbereiteten Backbleche setzen und mit Hilfe eines feuchten Löffels flach drücken. Im vorgeheizten Ofen 10–12 Minuten backen. Die Kekse anschließend auf einem Gitterrost abkühlen lassen.

 Backtemperatur
190 °C/Gas Stufe 3

 Backzeit
10–12 Minuten

 Backformen
Zwei flache Backbleche, eingefettet

 Ergibt
18 Stück

 Haltbarkeit
In einem luftdichten Behälter 1 Woche lang haltbar

Mokkaplätzchen

Ein unwiderstehlich feines Plätzchen, außen knusprig und innen zartschmelzend

ZUTATEN

325 g dunkle Schokolade, grob zerkleinert (Seite 32)

125 g Butter

90 g Weizenmehl

$^1/_2$ TL Backpulver

$^1/_2$ TL Salz

4 Eier

225 g extrafeiner Zucker

1 EL Espressopulver

2 TL Vanilleextrakt

200 g dunkle Schokoladenblättchen

1 Die Schokolade mit der Butter bei niedriger Temperatur schmelzen (Seite 34). Abkühlen lassen.

2 Das Mehl zusammen mit dem Backpulver und dem Salz sieben.

3 Die Eier mit dem Zucker weißschaumig aufschlagen. Das Espressopulver und den Vanilleextrakt hinzufügen. Die geschmolzene Schokolade einrühren. Die Mehlmischung unterziehen, danach die Schokoladenblättchen dazugeben. An einem kühlen Ort 15 Minuten ruhen lassen.

4 Gestrichene Esslöffel des Teigs auf die vorbereiteten Backbleche setzen. Zwischen den Teighäufchen einen Abstand von 5 cm lassen, damit sie genügend Platz zum Aufgehen haben.

5 Backblechweise im vorgeheizten Ofen 10–12 Minuten backen oder so lange, bis die Oberseite der Plätzchen glänzt und leichte Risse aufweist. Auf dem Blech einige Minuten abkühlen lassen, anschließend zum vollständigen Abkühlen auf einen Gitterrost umsetzen.

 Backtemperatur
180 °C/Gas Stufe 2–3

 Backzeit
10–12 Minuten

 Backformen
Zwei bis drei flache Backbleche, mit Antihaft-Backpapier ausgelegt

 Ergibt
32 Stück

Haltbarkeit
In einem luftdichten Behälter 1–2 Wochen lang haltbar

Schokoladen-Shortbread

Dieses Shortbread ist so leicht, dass es auf der Zunge zergeht. Das macht es zur idealen Ergänzung für Obstsalate oder Eiscreme.

ZUTATEN

Für den Teig

100 g extrafeiner Zucker

225 g Weizenmehl, gesiebt

1 Prise Salz

50 g Kakaopulver, gesiebt

250 g Butter, in erbsengroße Stücke geschnitten

Für die Dekoration

125 g dunkle Schokolade

30 g weiße Schokolade

1 Für den Teig den Zucker mit dem Mehl, dem Salz und dem Kakaopulver in eine Schüssel geben und mischen. Die Butter hinzufügen und mit den Fingerspitzen zu einem Teig verkneten.

2 Den Teig auf einer leicht bemehlten Arbeitsfläche 5 mm dick ausrollen. Mit einer herzförmigen Ausstechform Plätzchen ausstechen (nach Belieben eine andere Ausstechform verwenden). Die Plätzchen auf die vorbereiteten Backbleche setzen, dabei immer darauf achten, dass sie sich nicht berühren, und 1 Stunde lang kühl stellen.

3 Im vorgeheizten Ofen etwa 45 Minuten backen oder so lange, bis sie fest sind. Einige Minuten auf dem Blech ruhen lassen, bevor sie zum vollständigen Abkühlen auf einen Gitterrost umgesetzt werden.

4 Für die Dekoration die beiden Schokoladensorten getrennt schmelzen (Seite 32). Die geschmolzene weiße Schokolade in eine Spritztüte aus Papier (Seite 46) füllen und ein winziges Stück von der Spitze der Tüte abschneiden.

5 Die Plätzchen mit der dunklen Schokolade überziehen. Bevor sie erstarrt ist, die weiße Schokolade darüber spritzen, linienförmig für ein Federmuster oder spiralförmig für ein Marmormuster (Seite 47). Die Schokolade erstarren lassen.

 Backtemperatur
120 °C/Gas Stufe 1/2

 Backzeit
45 Minuten

 Backformen
Zwei flache Backbleche, mit Antihaft-Backpapier ausgelegt

 Ergibt
36 kleine Shortbreads

 Haltbarkeit
Unglasiert in einem luftdichten Behälter 1 Woche lang haltbar

Schoko-Vanille-Schnecken

Der Teig für dieses Gebäck und die vorgeschlagene Variante hält sich im Kühlschrank 2 Wochen lang – er kann jederzeit einfach in Scheiben geschnitten und gebacken werden.

ZUTATEN

375 g Weizenmehl

200 g Butter

200 g extrafeiner Zucker

2 Eier

1 Prise Salz

1 TL Vanilleextrakt

30 g dunkle Schokolade, geschmolzen (Seite 33)

1 Das Mehl gründlich sieben und beiseite stellen.

2 Die Butter cremig rühren, dann mit dem Zucker schaumig schlagen. Die Eier mit dem Salz und dem Vanilleextrakt leicht aufschlagen, nach und nach zu der Buttermischung geben. Das gesiebte Mehl unterrühren.

3 Den Teig in zwei Stücke teilen. Unter die eine Hälfte die geschmolzene Schokolade kneten. Beide Hälften getrennt in Folie wickeln und anschließend etwa 30 Minuten kühl stellen.

4 Die beiden Teighälften getrennt zwischen Folie 7 cm breit und 5 mm hoch ausrollen. Das dunkle Teigrechteck auf das helle legen und der Länge nach zusammen aufrollen. Die Teigrolle fest in Folie wickeln und vor dem Aufschneiden 4 Stunden im Kühlschrank oder 1 Stunde in der Tiefkühltruhe kühlen.

5 Die Teigrolle in 6 mm dicke Scheiben schneiden. Die Scheiben auf die vorbereiteten Backbleche setzen und blechweise im vorgeheizten Ofen 8–10 Minuten backen. Noch warm zum Abkühlen auf eine flache Unterlage oder einen Gitterrost setzen.

VARIANTE

Karamellplätzchen

Den extrafeinen Zucker durch weichen braunen Zucker (dunkel) ersetzen; die Schokolade weglassen. Den Teig nicht teilen. Ein Rechteck von 7 cm Breite und 1 cm Höhe ausrollen. Das Teigrechteck von einer Längsseite her aufrollen und weiter verfahren, wie in den Schritten 4 und 5 (oben) beschrieben ist.

 Backtemperatur
190 °C/Gas Stufe 3

 Backzeit
8–10 Minuten pro Blech

 Backformen
Zwei bis drei flache Backbleche, eingefettet

 Ergibt
36 Stück

 Haltbarkeit
In einem luftdichten Behälter 2 Wochen lang haltbar

Schokoladen-Haselnuss-Waffeln

Diese dünnen Waffeln sind beliebig formbar, so dass sie zu Körbchen geformt auch mit Früchten oder Eiscreme gefüllt werden können. Einen noch ausgeprägteren Schokoladengeschmack erhalten sie durch feine Muster aus Spritzglasur.

ZUTATEN

100 g Haselnüsse, geröstet (Seite 39)
100 g extrafeiner Zucker
60 g leicht gesalzene Butter
5 TL Kakaopulver
3 EL Schlagsahne
2 EL Rum
2 Eiweiß (von großen Eiern)
50 g Weizenmehl
30 g dunkle Schokolade zum Dekorieren

1 Ein Drittel der Haselnüsse hacken und beiseite stellen. Den Rest zusammen mit dem Zucker fein mahlen.

2 Die Butter cremig rühren, dann die Nuss-Zucker-Mischung, das Kakaopulver, die Schlagsahne und den Rum einrühren. Das Eiweiß hinzufügen, nur leicht unterrühren, bis alles vermischt ist. Das Mehl darüber sieben und untermischen.

3 Zur Orientierung auf den vorbereiteten Backblechen 4 oder 5 Kreise (11 cm Durchmesser) im Abstand von jeweils 5 cm mit einem Finger vorsichtig ins Mehl zeichnen. Einen knappen Esslöffel der Masse in die Mitte jedes Kreises geben und mit der Rückseite des Löffels dünn verstreichen. Mit ein paar Nussstückchen bestreuen.

4 Blechweise im vorgeheizten Ofen etwa 5 Minuten backen oder so lange, bis die Waffeln an den Rändern gerade dunkel werden.

5 Die Waffeln mit einer Palette vom Blech heben und schnell über ein Nudelholz legen, um sie rund zu biegen (oder in eine Tasse, wenn Waffelkörbchen gewünscht werden, oder um ein Metall- oder Papierhörnchen). Die Bleche jeweils so lange im Ofen lassen, bis die Waffeln gebogen werden, damit diese warm und somit formbar bleiben.

6 Die dunkle Schokolade schmelzen (Seite 33) und in eine Spritztüte aus Papier füllen (Seite 46). Die abgekühlten, knusprigen Waffeln mit feinen Schokoladenmustern verzieren.

 Backtemperatur
220 °C/Gas Stufe 4–5

 Backzeit
5 Minuten pro Blech

 Backformen
Zwei flache Backbleche, mit Butter eingefettet und mit Mehl bestäubt

 Ergibt
16 Stück

 Haltbarkeit
In einem luftdichten Behälter 1 Woche lang haltbar

Kokosmakronen

Ein knackiger Genuss aus Kokosnuss und Schokolade. Die Makronen werden zur Hälfte in dunkle oder weiße Schokolade getaucht und mit der jeweils kontrastfarbenen Schokoladensorte verziert. Genauso kann man die Makronen einfach mit der Unterseite in geschmolzene Schokolade tauchen, wie bei den schwarz-weißen Meringen (Seite 81).

ZUTATEN

125 g dunkle Schokolade (Kakaoanteil mindestens 70%)
2 Eiweiß
1 Prise Salz
100 g Kristallzucker
180 g Kokosraspel
1 TL Vanilleextrakt
je 60 g dunkle und weiße Schokolade zum Dekorieren

1 Die Schokolade schmelzen (Seite 33) und zum Abkühlen beiseite stellen.

2 Das Eiweiß mit dem Salz aufschlagen, bis sich weiche Spitzen bilden. Dann 3–4 Esslöffel Zucker dazugeben und weiterschlagen, bis der Eischnee glänzend und fest ist. Den restlichen Zucker unterziehen, danach die Schokolade und zum Schluss die Kokosraspel und den Vanilleextrakt.

3 Gehäufte Löffel der Masse im Abstand von etwa 3 cm auf die vorbereiteten Backbleche setzen. Im vorgeheizten Ofen 15–18 Minuten backen, bis die Makronen außen trocken und innen noch weich sind.

4 Die beiden Schokoladensorten für die Dekoration getrennt schmelzen (Seite 33). Die Makronen zur Hälfte in die weiße oder die dunkle Schokolade tauchen. Zum Erstarren auf Antihaft-Backpapier legen.

5 Die übrige Schokolade in Spritztüten aus Papier (Seite 46) füllen und mit der jeweils kontrastfarbenen Schokoladensorte ein Zickzackmuster auf die Makronen spritzen.

 Backtemperatur
150 °C/Gas Stufe 1

 Backzeit
15–18 Minuten

 Backformen
Zwei flache Backformen, mit Antihaft-Backpapier ausgelegt

 Ergibt
24 Stück

 Haltbarkeit
In einem luftdichten Behälter 4–5 Tage lang haltbar

Schokoladenmakronen

Diese delikaten Makronen haben ein knuspriges Äußeres und einen köstlich weichen Kern. Man kann sie mit Himbeermarmelade oder Ganache-Creme (Seite 136) zu Doppelmakronen zusammensetzen.

ZUTATEN

225 g Puderzucker
30 g Kakaopulver
125 g gemahlene Mandeln
4 Eiweiß
30 g extrafeiner Zucker

1 Den Puderzucker mit dem Kakaopulver sieben. Die gemahlenen Mandeln darüber sieben. Das Eiweiß schlagen, bis sich weiche Spitzen bilden. Dann den extrafeinen Zucker hinzufügen und die Masse steif schlagen. Mit einem großen Metalllöffel die Puderzuckermischung unterziehen.

2 Den Teig in einen Spritzbeutel mit Lochtülle (1 cm Durchmesser) füllen. Kleine Kreise (2–3 cm Durchmesser) im Abstand von etwa 3 cm auf die vorbereiteten Backbleche spritzen. Die Makronen vor dem Backen bei Zimmertemperatur 15 Minuten lang stehen lassen.

3 Im vorgeheizten Ofen 10–12 Minuten backen; dabei die Backofentür nicht vollständig schließen, damit der entstehende Dampf entweichen kann. Die fertigen Schokoladenmakronen aus dem Ofen nehmen und einige Minuten abkühlen lassen, bevor sie vom Papier abgehoben werden.

 Backtemperatur
180 °C/Gas Stufe 2–3

 Backzeit
10–12 Minuten

 Backformen
Zwei flache Backbleche, mit Antihaft-Backpapier ausgelegt

 Ergibt
36 Stück

 Haltbarkeit
In einem luftdichten Behälter 3–4 Tage lang haltbar

Schoko-Walnuss-Kekse

Diese hauchdünnen Kekse mit dem feinen Buttergeschmack gehören zu den Favoriten meiner Familie. Sie schmecken auch mit anderen Nüssen wie beispielsweise Haselnüssen oder Pekannüssen.

ZUTATEN

200 g Weizenmehl

1 Prise Salz

30 g Kakaopulver

1/2 TL Natron

150 g Butter

150 g weicher brauner Zucker (dunkel)

30 g Kristallzucker

1 Eigelb

1 TL Vanilleextrakt

100 g Walnüsse, sehr fein gehackt

1 Das Mehl mit dem Salz, dem Kakaopulver und dem Natron vermischen und sorgfältig sieben.

2 Die Butter cremig rühren, dann die beiden Zuckersorten hinzufügen und gründlich verrühren. Das Eigelb und den Vanilleextrakt dazugeben. Die Mehlmischung und die Walnüsse unterziehen. Den Teig mit leicht bemehlten Händen zu einer Rolle mit 5 cm Durchmesser formen.

3 Die Teigrolle in Frischhaltefolie wickeln und vor der weiteren Verarbeitung mindestens 2 Stunden im Kühlschrank kühl stellen oder so lange in die Tiefkühltruhe legen, bis der Teig sehr fest ist, was etwa 1 Stunde dauert.

4 Mit einem Messer mit sehr dünner, scharfer Schneide die Teigrolle in 3 mm dünne Scheiben schneiden. Die Teigscheiben auf die vorbereiteten Backbleche setzen und die Schoko-Walnuss-Kekse blechweise im vorgeheizten Ofen 8–10 Minuten backen. Darauf achten, dass die Kekse nicht zu lange backen oder verbrennen.

5 Die Kekse vom Papier abheben und auf einer glatten Fläche kalt und knusprig werden lassen.

Backtemperatur
190 °C/Gas Stufe 3

Backzeit
8–10 Minuten pro Blech

Backformen
Zwei bis drei flache Backbleche, mit Antihaft-Backpapier ausgelegt

Ergibt
28 Stück

Haltbarkeit
In einem luftdichten Behälter 1 Woche lang haltbar

Einfrieren
Der Teig lässt sich 1–2 Monate lang einfrieren.

Schoko-Mandel-Biscotti

In Norditalien werden diese harten, trockenen Kekse zu einem Glas Vino Santo serviert. Man taucht die Biscotti in den süßen Wein, so werden sie weich und nehmen den vollen Geschmack des Weines in sich auf.

ZUTATEN

125 g Mandeln

300 g Weizenmehl

1 TL Backpulver

1/2 TL Salz

180 g extrafeiner Zucker

Schale von
1/2 unbehandelten Orange,
sehr fein gehackt

2 Eier

2 Eigelb

100 g dunkle Schokolade, in erbsengroße Stücke gehackt (Seite 32)

1 Eiweiß, leicht aufgeschlagen

1 Die Mandeln etwa 10 Minuten auf einem ungefetteten Backblech im vorgeheizten Ofen leicht anrösten. Nach dem Abkühlen die Hälfte der Mandeln grob hacken und beiseite stellen.

2 Die andere Hälfte in der Küchenmaschine fein mahlen. Das Mehl mit dem Backpulver und dem Salz in eine Schüssel sieben. Den Zucker, die gemahlenen Mandeln und die Orangenschale einrühren. In die Mitte der trockenen Zutaten eine Mulde machen und die ganzen Eier mit den einzelnen Eidottern hineingeben. Von der Mitte ausgehend die Eier nach und nach mit den trockenen Zutaten verrühren, bis eine dickliche Masse entsteht. Nun die gehackten Mandeln und die Schokoladenstückchen hinzufügen und leicht unterkneten.

3 Den Teig auf eine bemehlte Arbeitsfläche legen und in vier gleich große Stücke teilen, dabei den Teig so wenig wie möglich kneten. Jedes Stück zu einer Rolle (etwa 23 × 4 cm) formen und mit Eiweiß bestreichen. Die Rollen mit genügend Abstand auf ein gefettetes Backblech setzen. Im vorgeheizten Ofen (190 °C/Gas Stufe 3) 20 Minuten backen. Aus dem Ofen nehmen. Die Backtemperatur auf 140 °C/Gas Stufe 1/2–1 verringern.

4 Die Teigrollen jeweils schräg in 1 cm dicke Scheiben schneiden. Die Scheiben auf die ungefetteten Bleche legen.

5 Die Biscotti 25–30 Minuten backen, dabei einmal wenden. Die Biscotti aus dem Ofen nehmen und auf dem Blech vollständig abkühlen lassen.

Backtemperatur
190 °C/Gas Stufe 3, danach 140 °C/Gas Stufe 1/2–1

Backzeit
Das erste Mal 20 Minuten; das zweite Mal 25–30 Minuten

Backformen
Flaches Backblech, eingefettet und mit Mehl bestäubt; ein bis zwei flache Backbleche, ungefettet

Ergibt
40 Stück

Haltbarkeit
In einem luftdichten Behälter 2–3 Wochen lang haltbar

Pies & Tartes

Amerikanische Pies und französische Tartes zum Dessert oder zum Kaffee sind besonders verführerisch, wenn ihre knusprige Teighülle eine zartschmelzende Schokoladenfüllung birgt.
Sie haben die Qual der Wahl zwischen so delikaten Möglichkeiten wie Schoko-Birnen-Tarte, bei der Frucht- und Schokoladengeschmack wunderbar harmonieren, der luftig leichten Tarte Chiffon, von Sahnehäubchen gekrönt, oder der schokoladigen Variante der Banoffee Pie. Eiscreme und geschlagene Sahne, die klassischen Begleiter zu Dessertkuchen, sind gerade als Ergänzung zur Schokolade wärmstens zu empfehlen, da sie deren kräftigen Geschmack angenehm abrunden.

Mississippi Mud Pie

Dieses Rezept ist in der Südstaatenküche Amerikas besonders beliebt – der Grund dafür ist das gelungene Zusammenspiel von üppiger Schokoladenfüllung, einem Hauch Kaffee und lockerem Teig.

ZUTATEN

Für den Teigboden

1 Menge des Teigbodenrezepts von Pecan Pie mit Schokolade (Seite 96)

Für die Füllung

150 g Butter

30 g dunkle Schokolade, zerkleinert (Seite 32)

6 EL Kakaopulver, gesiebt

2 TL Espressopulver

3 Eier

250 g extrafeiner Zucker

2 EL saure Sahne

3 EL Ahornsirup

1 TL Vanilleextrakt

Schokoladenlocken aus weißer Schokolade, Milchschokolade und dunkler Schokolade zum Dekorieren (Seite 43)

1 Den Teig auf Zimmertemperatur bringen. Kurz durchkneten, dann auf einer leicht bemehlten Arbeitsfläche gleichmäßig ausrollen – etwas dünner als im Rezept *Pecan Pie mit Schokolade* angegeben. Die vorbereitete Backform mit dem Teig auskleiden. Während die Füllung zubereitet wird, den Teig kühl stellen.

2 Ein Backblech ins untere Drittel des Ofens schieben und den Ofen vorheizen.

3 Für die Füllung die Butter behutsam in einer kleinen Kasserolle erhitzen. Vom Herd nehmen und die Schokolade, das Kakaopulver und den Kaffee dazugeben und rühren, bis die Schokolade geschmolzen ist. Beiseite stellen.

4 Die Eier mit dem Zucker cremig schlagen, dann die saure Sahne, den Ahornsirup und den Vanilleextrakt hinzufügen. Die Schokoladen-Butter-Mischung einrühren.

5 Die Füllung auf dem Teigboden verteilen. Im vorgeheizten Ofen auf dem heißen Backblech 35–40 Minuten backen oder so lange, bis sich die Füllung wölbt und eine Kruste bildet. Die Pie zum Abkühlen auf einen Gitterrost setzen. Die Füllung wird sich beim Abkühlen etwas senken und eventuell leicht rissig werden.

6 Die Pie in der Form oder auf einer Platte servieren und zuvor mit Schokoladenlocken dekorieren: Eine Kombination aus verschiedenfarbigen Locken wirkt am besten. Vanilleeis ist eine hervorragende Ergänzung zur Mississippi Mud Pie.

  Backtemperatur
180 °C/Gas Stufe 2–3

 Backzeit
35–40 Minuten

 Backform
Pie- oder Tarteform (22 cm Durchmesser; 3,5 cm hoch), eingefettet

 Ergibt
8–10 Stücke

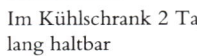 **Haltbarkeit**
Im Kühlschrank 2 Tage lang haltbar

Mississippi Mud Pie

Diese tief dunkelbraune Pie hat eine herrlich samtige Konsistenz, sie enthält Kakao und Schokolade und ist umhüllt von einem süßen Teig. Elegante Schokoladenlocken machen das Backwerk auch für die Augen zum vollendeten Dessertgenuss.

Große Schokoladenlocken ergeben die perfekte Dekoration.

Ihren Namen bekam die Pie von der dunklen, cremigen Füllung.

Tarte mit Mousse-au-chocolat-Füllung

Der Teigboden erhält seine feine Konsistenz und den Geschmack durch Zugabe fein gemahlener Haselnüsse. Die Füllung, basierend auf Eiern, Schlagsahne und Schokolade, wird kurz vor dem Backen mit einem Hauch Weinbrand oder Rum aromatisiert.

DIE DEKORATION

Die Mousse-au-chocolat-Füllung bekommt beim Abkühlen leichte Risse an der Oberfläche. Große Schokoladenlocken verdecken diese Risse nicht nur, sie machen die Tarte auch zum Augenschmaus.

ZUTATEN

Für den Teigboden

60 g Haselnüsse, geröstet, geschält (Seite 39) und fein gemahlen
150 g Weizenmehl, gesiebt
1 Prise Salz
30 g extrafeiner Zucker
125 g Butter, in Würfel geschnitten
1 kleines Ei, leicht aufgeschlagen
Etwas Eiswasser

Für die Füllung

125 g dunkle oder halbbittere Schokolade
60 g Butter
2 Eier
100 g extrafeiner Zucker
2 EL Mehl
4 EL Schlagsahne
1 1/2 EL Rum oder Weinbrand

Für die Dekoration

Dunkle Schokoladenlocken (Seite 43)
Kakaopulver

1 Für den Teigboden die gemahlenen Haselnüsse mit dem Mehl und dem Zucker in eine große Schüssel geben. Die Butter hinzufügen und mit den Fingerspitzen einarbeiten, bis die Masse krümelig ist. So viel Ei und, falls nötig, Wasser hinzufügen, dass ein spröder Teig entsteht (die Masse sollte aus größeren Teigstreuseln bestehen).

2 Den Teig auf eine leicht bemehlte Arbeitsfläche geben und zu einer Kugel formen. In Frischhaltefolie wickeln und 30 Minuten in den Kühlschrank legen.

3 Den Ofen auf 200 °C/Gas Stufe 3–4 vorheizen und ein Backblech ins untere Drittel des Ofens schieben. Den Teig auf einer leicht bemehlten Arbeitsfläche ausrollen und damit

die Backform auskleiden. Den Teig mehrmals mit einer Gabel einstechen und mit Backpapier belegen, das zum »Blindbacken« mit getrockneten Hülsenfrüchten beschwert wird.

4 Die Form auf das heiße Backblech stellen und 10 Minuten backen. Das Papier und die Hülsenfrüchte entfernen und weitere 5–8 Minuten backen. Auf einem Gitterrost abkühlen lassen. Die Ofentemperatur auf 190 °C/Gas Stufe 3 herunterschalten.

5 Für die Füllung die Schokolade mit der Butter zusammen schmelzen (Seite 34). Zum Abkühlen beiseite stellen. Die Eier mit dem Zucker in eine große, hitzebeständige Schüssel geben und über heißem Wasser etwa 10 Minuten schlagen oder so lange, bis die Masse spiralförmig vom Rührer abtropft. Das Mehl darüber sieben und unterheben. Die Schokolade, die Schlagsahne und den Alkohol unterziehen.

6 Die Füllung auf dem Teigboden verteilen und die Tarte auf dem heißen Backblech 15 Minuten backen. Zum Abkühlen auf einen Gitterrost umsetzen.

7 In der Form oder auf einer Platte servieren und die Schokoladenlocken als Dekoration auf der Tarte arrangieren. Die Locken mit Kakaopulver bestäuben.

Backtemperatur
200 °C/Gas Stufe 3–4, danach 190 °C/Gas Stufe 3

Backzeit
Teigboden:
15–18 Minuten;
Tarte: 15 Minuten

Backform
Pie- oder Tarteform
(22 cm Durchmesser;
3,5 cm hoch), eingefettet

Ergibt
8 Stücke

Haltbarkeit
Im Kühlschrank 2 Tage lang haltbar; vorzugsweise jedoch kurz nach dem Backen zu verzehren

Tarte Chiffon

Durch Eischnee bekommt die delikate, hocharomatische Schokoladencreme, mit der diese Tarte gefüllt ist, ihre locker-luftige Beschaffenheit.

ZUTATEN

Für den Krümelboden

150 g Vollkornkekse, zerbröselt

100 g gemahlene Haselnüsse, Walnüsse oder Mandeln

90 g Butter, geschmolzen

Für die Füllung

2 TL gemahlene Gelatine

2 EL kaltes Wasser

2 Eier, getrennt

150 g extrafeiner Zucker

250 ml Milch

200 g dunkle Schokolade, in kleine Stücke gehackt (Seite 32)

2 TL Vanilleextrakt

300 ml Schlagsahne

1 Prise Salz

Für die Dekoration

150 ml Schlagsahne, geschlagen

Dunkle Schokoladenlocken (Seite 43)

1 Die Kekskrümel mit den gemahlenen Nüssen in eine Schüssel schütten, mit der Butter übergießen und vermischen. In die Backform geben, darin gleichmäßig verteilen und am Boden und den Seiten gut andrücken.

2 Den Krümelboden im vorgeheizten Ofen 10 Minuten backen. Auf einem Gitterrost abkühlen lassen. Bis zur weiteren Verwendung in der Form kühl stellen.

3 Für die Füllung die gemahlene Gelatine mit dem Wasser in eine Tasse geben und etwa 5 Minuten quellen lassen. Die Tasse in heißes Wasser stellen, bis sich die Gelatine aufgelöst hat.

4 Das Eigelb mit 100 g Zucker aufschlagen. Die Milch in einer Kasserolle zum Kochen bringen, unter ständigem Rühren über die Eimischung gießen, danach die Masse zurück in die Kasserolle geben. Mit einem Kochlöffel aus Holz bei niedriger Temperatur rühren, bis die Masse eindickt und auf dem Kochlöffel einen deckenden Überzug bildet. Die Masse darf auf keinen Fall kochen, sonst gerinnt sie. Vom Herd nehmen und die Gelatine einrühren. Die Schokoladenstückchen und den Vanilleextrakt hinzufügen und alles zu einer homogenen Masse verrühren. Abkühlen lassen.

5 Die Schlagsahne halbfest schlagen und mit einem großen Metalllöffel unter die abgekühlte Schokoladencreme heben. Das Eiweiß mit dem Salz steif schlagen, dann den restlichen Zucker dazugeben und schlagen, bis der Eischnee sehr fest ist. Behutsam unter die Schokomasse heben, dabei unbedingt darauf achten, dass der Eischnee gut untergemischt ist, die Masse aber nicht zu lange gerührt wird. Auf den vorbereiteten Krümelboden geben und, falls gewünscht, mit einer Palette glatt streichen. Die Tarte mindestens 2 Stunden kühl stellen oder so lange, bis sie fest geworden ist, und bis zum Verzehr im Kühlschrank aufbewahren.

 Backtemperatur
180 °C/Gas Stufe 2–3

 Backzeit
10 Minuten

 Backform
Pie- oder Tarteform (22 cm Durchmesser; 3,5 cm hoch), eingefettet

 Ergibt
8 Stücke

 Haltbarkeit
Im Kühlschrank 2 Tage lang haltbar

 Achtung!
Bei dieser Zubereitung wird rohes Eiweiß verwendet (Anmerkungen, Seite 9).

Rosettenförmige Sahnehäubchen (Seite 48) schmücken den äußeren Rand der Tarte Chiffon. Auf die Sahnehäubchen gesetzte Schokoladenlocken schließen den Schokoladenkreis.

Pecan Pie mit Schokolade

Dies ist eine Variante der beliebten amerikanischen Pecan Pie. Die Füllung aus dunkler Schokolade wird mit Rum aromatisiert.

ZUTATEN

Für den Teigboden

200 g Weizenmehl, gesiebt

2 EL extrafeiner Zucker

1/2 TL Salz

100 g kalte Butter, in kleine Stücke geschnitten

1 Eigelb

2 EL Eiswasser

Für die Füllung

60 g Butter

2 EL Kakaopulver

250 ml Ahornsirup

3 Eier

90 g weicher brauner Zucker (dunkel)

2 EL Rum

250 g Pekannüsse

1 Für den Teigboden das Mehl mit dem Zucker und dem Salz mischen und in eine Schüssel sieben. Mit den Fingerspitzen die Butter einarbeiten, bis eine krümelige Mischung entsteht. Das Eigelb mit dem Wasser verquirlen und mit einer Gabel unter die Krümelmasse mischen, bis sich größere Teigstreusel bilden.

2 Den Teig zu einer Kugel formen, in Frischhaltefolie wickeln und 30 Minuten kühl stellen. Anschließend den Teig ausrollen und damit die Pieform auskleiden. Während die Füllung zubereitet wird, den Teig kühl stellen.

3 Während des Vorheizens ein Backblech in den Ofen schieben. Für die Füllung die Butter langsam schmelzen, vom Herd nehmen, den Kakao und den Ahornsirup unterrühren. Die Eier zusammen mit dem Zucker und dem Rum leicht aufschlagen. Die Sirupmischung einrühren. Die Hälfte der Nüsse hacken und der Mischung beigeben. Die Masse auf den Teigboden gießen. Mit den restlichen Nüssen belegen.

4 Die Pie auf dem heißen Backblech im vorgeheizten Ofen 35–40 Minuten backen oder so lange, bis die Füllung gerade fest geworden ist. Wird die Pie zu dunkel, mit Folie abdecken. Die Pie noch warm oder bei Zimmertemperatur in der Form oder auf einer Platte servieren.

 Backtemperatur
180 °C/Gas Stufe 2–3

 Backzeit
35–40 Minuten

 Backform
Pie- oder Tarteform (24 cm Durchmesser), eingefettet

 Ergibt
8–10 Stücke

 Haltbarkeit
Im Kühlschrank in einem luftdichten Behälter 2 Tage lang haltbar

Schokoladen-Obst-Törtchen

Diese delikaten Törtchen sind mit Schlagsahne und Früchten gefüllt. Der Boden aus Schokoladenteig ist ganz einfach herzustellen: Alle Zutaten werden in eine Kasserolle gegeben und vermischt.

ZUTATEN

Für den Teig

150 g Butter, in kleine Stücke geschnitten

60 g weicher brauner Zucker (dunkel)

3 EL Kakaopulver

250 g Weizenmehl

1 Prise Salz

1 kleines Eiweiß

Für die Füllung und Dekoration

150 g Johannisbeergelee

1 EL Wasser

150 ml Schlagsahne, halbfest geschlagen

750 g frische Beeren

Schokoladenblätter (Seite 43)

1 Für den Teig die Butter mit dem Zucker und dem Kakaopulver in eine Kasserolle geben und bei niedriger Temperatur rühren, bis die Butter geschmolzen ist und sich mit den anderen Zutaten verbunden hat. Vom Herd nehmen und das Mehl mit dem Salz einrühren, dann so viel Eiweiß zugeben, dass ein fester Teig entsteht. In Frischhaltefolie wickeln und 15 Minuten kühl stellen.

2 Den gekühlten Teig in acht Kugeln teilen. Jede der Kugeln zwischen Folie ausrollen. Mit einer runden Ausstechform (10 cm Durchmesser) aus jeder ausgerollten Kugel einen Kreis ausstechen.

3 Die Teigkreise in die Tortelettförmchen legen und andrücken, die Böden mehrmals mit einer Gabel einstechen und 15 Minuten in den Kühlschrank stellen.

4 Die Törtchen im vorgeheizten Ofen 20–25 Minuten backen. Aus dem Ofen nehmen und auf einem Gitterrost abkühlen lassen, anschließend die Törtchen vorsichtig aus den Tortelettförmchen nehmen.

 Backtemperatur
180 °C/Gas Stufe 2–3

 Backzeit
20–25 Minuten

 Backformen
Acht Tortelettförmchen (6 cm Durchmesser)

 Ergibt
8 Stück

 Haltbarkeit
Ungefüllte Törtchen halten sich gut eingewickelt 3 Tage lang.

FERTIGSTELLUNG DER OBSTTÖRTCHEN

Für die Johannisbeerglasur das Johannisbeergelee mit dem Wasser langsam erwärmen. Jeweils die Innenseite der Törtchen dünn mit der Glasur ausstreichen. Die Sahne schlagen, bis sich weiche Spitzen bilden, und die Törtchen damit füllen. Die Beeren auf die Schlagsahne setzen und mit der Johannisbeerglasur bestreichen. Dazwischen als Garnitur Schokoladenblätter stecken.

Die dunklen Schokoladenblätter ergeben einen schönen Kontrast zu den Beeren.

Durch die Johannisbeerglasur bekommen die Beeren eine glänzende Oberfläche.

Schoko-Birnen-Tarte

Birnen und Schokolade passen hervorragend zusammen – das zeigen schon die zahlreichen Desserts, die auf dieser Kombination basieren. Der Dritte in diesem kulinarischen Bunde ist hier ein feiner Mandelboden. Für diese Tarte sollte man eine feste, reife Tafelbirne wie beispielsweise Williams oder Lucas wählen.

ZUTATEN

Für den Teigboden

160 g Weizenmehl
30 g extrafeiner Zucker
30 g gemahlene Mandeln
1/4 TL Salz
125 g kalte, Butter, in Würfel geschnitten
3–4 EL Eiswasser

Für die Füllung

4 oder 5 reife Tafelbirnen (je nach Größe)
1 1/2 EL extrafeiner Zucker
100 g Butter
50 g Kakaopulver
1 Ei
180 g Kristallzucker
50 g Weizenmehl
1 TL Vanilleextrakt
Puderzucker zum Dekorieren

1 Für den Teig das Mehl mit dem Zucker, den gemahlenen Mandeln und dem Salz mischen und in eine Schüssel sieben. Die Butter hinzufügen und mit den Fingerspitzen einarbeiten, bis eine krümelige Mischung entsteht. Mit einer Gabel gerade so viel Wasser untermischen, bis größere Teigstreusel entstehen.

2 Den Teig auf eine glatte Arbeitsfläche geben und schnell zu einer Kugel formen. In Frischhaltefolie wickeln und mindestens 30 Minuten kühl stellen.

3 Den Teig auf einer leicht bemehlten Arbeitsfläche ausrollen und die eingefettete Backform damit auskleiden. Während die Birnen vorbereitet werden, die Backform in den Kühlschrank stellen.

4 Die Birnen schälen, vierteln und das Kerngehäuse entfernen. Den Teigboden mehrmals mit einer Gabel einstechen und mit dem extrafeinen Zucker bestreuen.
Die Birnen auf dem noch nicht gebackenen Teig kreisförmig anordnen, die Form in den vorgeheizten Ofen schieben und die Tarte 15 Minuten backen. Aus dem Ofen nehmen und auf einen Gitterrost stellen, um die Tarte zu füllen.

5 In der Zwischenzeit die Füllung zubereiten. Dazu die Butter schmelzen, das Kakaopulver hinzufügen und beides zu einer weichen Masse verrühren. Das Ei mit dem Zucker zusammen schaumig schlagen, dann die Kakaomasse dazugeben und unterrühren. Das Mehl darüber sieben und unterheben. Den Vanilleextrakt einrühren.
Die Füllung über die Birnen gießen, gleichmäßig verteilen und mit einem Spachtel so glatt wie möglich streichen.

6 Die Tarte für weitere 15 Minuten in den Ofen schieben oder so lange, bis die Füllung fest ist. Auf einem Gitterrost abkühlen lassen. Vor dem Servieren die Schoko-Birnen-Tarte mit einer feinen Schicht Puderzucker überstäuben.

 Backtemperatur
200 °C/Gas Stufe 3–4

 Backzeit
Teigboden mit Birnen: 15 Minuten;
mit Schokoladenfüllung: 15–20 Minuten

 Backform
Pie- oder Tarteform (24 cm Durchmesser), eingefettet

 Ergibt
8–10 Stücke

 Haltbarkeit
Im Kühlschrank 2 Tage lang haltbar

Banoffee Pie mit Schokolade

Dieses Dessert ist nach seinen extravaganten Schichten benannt: Eine Mischung aus Schokolade und Schlagsahne bedeckt einen lockeren Krümelboden, darauf liegt eine Schicht zartschmelzende Toffeemasse, belegt mit Bananenscheibchen, und zum Abschluss folgt eine dicke Lage geschlagener Sahne, auf der sich Schokoladenlocken türmen.

ZUTATEN

Für die unteren Schichten

2 Dosen gesüßte Kondensmilch (à 400 ml)

150 g dunkle Schokolade (Kakaoanteil mindestens 70%) oder extrabittere Schokolade, geschmolzen (Seite 33)

125 ml Schlagsahne

1 TL Vanilleextrakt

Für den Krümelboden

260 g Vollkornkekse, zerbröselt

90 g leicht gesalzene Butter, geschmolzen

Für die oberen Schichten

3 kleine, reife Bananen

300 ml Schlagsahne, geschlagen

Schokoladenlocken aus dunkler Schokolade, Milchschokolade und weißer Schokolade (Seite 43)

Kakaopulver zum Bestäuben

1 In die Deckel der beiden Kondensmilchdosen jeweils ein kleines Loch stechen. In eine Kasserolle setzen, die so groß ist, dass die Dosen fast ganz im Wasser stehen können. Das Wasser zum Kochen bringen und zwei Stunden lang kochen lassen, dabei die Kasserolle teilweise abdecken und, wenn nötig, Wasser nachgießen. Danach die Dosen aus der Kasserolle nehmen und abkühlen lassen.

2 Für den Krümelboden die Keksbrösel in eine Schüssel geben und mit der Butter übergießen. Beides vermischen, in der vorbereiteten Backform gleichmäßig verteilen und am Boden und den Seiten gut andrücken. Im vorgeheizten Ofen 10 Minuten backen. Auf einem Gitterrost abkühlen lassen, dann bis zur weiteren Verwendung kühl stellen.

3 Mit der Zubereitung der Schokoladenschicht fortfahren. Die Schokolade abkühlen lassen, bis sie nur noch lauwarm ist. Die Sahne schlagen, bis sie gerade steif ist, dann unter die Schokolade heben. Den Vanilleextrakt unterziehen. Die Masse gleichmäßig auf den Krümelboden streichen. Im Kühlschrank fest werden lassen.

4 Die Dosen mit der abgekühlten Kondensmilch öffnen, die zu einer toffeeartigen Creme eingekocht ist. In eine Schüssel gießen und glatt rühren. Auf die Schokoladenschicht in der Backform geben und die Pie bis zum Servieren kühl stellen.

5 Mit den oberen Schichten erst vor dem Servieren fortfahren. Dazu die Bananen in Scheiben schneiden und auf der Toffeeschicht verteilen. Die geschlagene Sahne darüber geben. Mit den Schokoladenlocken dekorieren und leicht mit Kakaopulver bestäuben.

 Backtemperatur
180 °C/Gas Stufe 2–3

 Backzeit
10 Minuten

 Backform
Pie- oder Tarteform (24 cm Durchmesser; 3,5 cm hoch), eingefettet

 Ergibt
10–12 Stücke

 Haltbarkeit
Ohne Bananen und Schlagsahne im Kühlschrank 2 Tage lang haltbar

 Vorbereitungsmöglichkeit
Die Toffeemasse einer Tag im Voraus herstellen, bis zur Verwerdung im Kühlschrank aufbewahren.

Warme Schokoladendesserts

Nichts nimmt einem eisigen Wintertag besser die unfreundliche Kälte als ein wohltuend warmes Dessert mit Schokolade. Allein der Schokoladenduft, der durchs Haus zieht, versetzt alle Geschmacksknospen in einen Zustand freudiger Erwartung. Die hier vorgestellte Auswahl an solchen süßen warmen Köstlichkeiten ist reichhaltig: ein luftig lockeres Soufflé, ein saftiger, im Wasserbad gegarter Pudding mit feinem Orangenaroma. Für einen besonderen Anlass sind edle, zarte Crêpes mit üppiger Schokoladencreme oder ein mit Rum aromatisiertes Schokoladenfondue genau das Richtige. Mit derlei süßen Delikatessen zeigt sich der kalte Winter doch noch von seiner Schokoladenseite.

Schokoladenfondue mit Rum

Ein äußerst empfehlenswertes Dessert für »chocoholics«. Das warme Schokoladenfondue in die Mitte des Esstischs stellen, dazu eine große Platte mit Kuchen, Kleingebäck und frischen Früchten. Abwechslung erfreut: Man kann das Fondue mit den unterschiedlichsten Alkoholika aromatisieren oder pur genießen.

Zum Dippen eine verführerische Auswahl an Früchten, Kuchen und Kleingebäck reichen.

ZUTATEN

125 g extrafeiner Zucker

125 ml Wasser

180 g dunkle Schokolade (Kakaoanteil mindestens 70%)

60 g Butter

50 ml Rum

Pfund-, Biskuit- oder Rührkuchen, in Würfel (2–3 cm) geschnitten

Löffelbiskuits oder ähnliches Kleingebäck

Frische ganze Erdbeeren, frische Ananas- und Birnenstückchen, Kapstachelbeeren (Physalis), Orangensegmente, Kirschen oder andere frische Früchte

1 Den Zucker mit dem Wasser in eine Kasserolle geben und behutsam bei niedriger Temperatur erhitzen, bis sich der Zucker aufgelöst hat. Vom Herd nehmen und zum Abkühlen beiseite stellen.

2 Die Schokolade mit der Butter zusammen schmelzen (Seite 34). Die Schokolade unter den Zuckersirup rühren.

3 Vor dem Servieren das Fondue in der Mikrowelle oder im Wasserbad erneut erwärmen. Den Rum unterrühren. In einen Fonduetopf oder eine hitzebeständige Schüssel gießen. Das Fondue warm mit einer Auswahl an Früchten, Kleingebäck und Kuchenwürfeln servieren.

HINWEIS: Möglicherweise muss das Schokoladenfondue im Laufe des Essens noch einmal erwärmt werden. Bei der Verwendung eines Fonduetopfs mit Rechaud (Gas- oder Spiritusbrenner) die Flamme nicht ununterbrochen brennen lassen, da sich die Schokolade sonst überhitzt und körnig werden kann.

 Ergibt
6–8 Portionen

 Haltbarkeit
Im Kühlschrank 2 Tage lang haltbar

Ananasstückchen

Apfelspalte

Melonenbällchen

**SCHOKOLADEN-
FONDUE MIT RUM**
*Die Früchte und
den Kuchen in mund-
gerechte Stücke
schneiden und zum
Fondue servieren.*

Rührkuchen-
würfel

Kiwischeibe

*Festes frisches Obst lässt
sich problemlos mit der
Fonduegabel aufspießen.*

Brotpudding mit Schokolade

An diesem Brotpudding haben nicht nur Kinder ihre Freude – gebacken mit einer sahnigen Schokoladencreme genügt er höchsten Ansprüchen.

ZUTATEN

250 ml Schlagsahne

250 ml Milch

1/4 TL Salz

25 g Kakaopulver

3 Eier

125 g Kristallzucker

1 TL Vanilleextrakt

3 weiche Brötchen oder Milchbrötchen

30 g Butter, weich

1 In einer schweren Kasserolle die Schlagsahne, die Milch und das Salz langsam zum Kochen bringen, danach vom Herd nehmen. Mit dem Kakaopulver übersieben und schlagen, bis alles gründlich vermischt ist. Die Eier mit dem Zucker aufschlagen und in die Kakaomasse rühren. Den Vanilleextrakt hinzufügen.

2 Die Brötchen in dünne Scheiben schneiden, die Scheiben buttern. Die Souffléform mit den Scheiben füllen, dabei die Form so voll machen, dass die Brötchen leicht über die Form hinausragen. Die Schokoladensauce um die Brötchenscheiben herumgießen. Bis zu diesem Schritt kann der Pudding ein bis zwei Stunden im Voraus zubereitet werden.

3 Die Form in eine Pfanne stellen. So viel Wasser in die Pfanne füllen, dass die Souffléform bis zur Hälfte im Wasser steht.

4 Den Pudding im vorgeheizten Ofen 40 Minuten backen oder so lange, bis er fest geworden ist. Ist die obere Schicht noch nicht braun und knusprig, kurz übergrillen. Den Pudding nach Belieben mit glatt gerührter Crème double oder flüssiger Schlagsahne servieren.

 Backtemperatur
160 °C/Gas Stufe 1–2

 Backzeit
40 Minuten

 Backform
Souffléform (1 l Inhalt), gebuttert

 Ergibt
6 Portionen

 Vorbereitungsmöglichkeit
Den Pudding ein bis zwei Stunden vor dem Backen zubereiten.

Schokoladensoufflé

Dies ist ein himmlisch zartes und sehr schokoladiges Soufflé. Der Hauch Alkohol verleiht ihm besondere Raffinesse.

ZUTATEN

100 g dunkle Schokolade

3 EL Maisstärke

250 ml Milch

60 g extrafeiner Zucker

3 EL Grand Marnier, Cointreau oder Curaçao

30 g Butter

5 Eiweiß

1 Prise Salz

3 Eigelb

Außerdem

Crème Anglaise (Seite 134) oder

175 ml Schlagsahne, geschlagen

1 Die Schokolade in Stücke brechen und schmelzen (Seite 33). Beiseite stellen.

2 Die Maisstärke mit ein paar Esslöffeln Milch zu einer weichen Paste verrühren, dann nach und nach die restliche Milch unterrühren. Die Milchmischung in eine Kasserolle geben, die Hälfte des Zuckers hinzufügen und unter ständigem Rühren zum Kochen bringen. Eine Minute lang kochen, vom Herd nehmen und die geschmolzene Schokolade und den Orangenlikör einrühren. Die Butter in Flöckchen auf die Oberfläche setzen und die Masse beiseite stellen, bis sie nur noch lauwarm ist.

3 In der Zwischenzeit das Eiweiß mit dem Salz aufschlagen, bis sich weiche Spitzen bilden. Den übrigen Zucker dazugeben und weiterschlagen, bis der Eischnee glänzend und fest ist.

4 Die Eidotter einzeln in die Schokoladenmasse rühren, anschließend einen großen Löffel Eischnee unterziehen. Vorsichtig den Rest Eischnee mit einem großen Metalllöffel unter die Schokoladenmasse heben.

5 Die Masse in die vorbereitete Souffléform geben und die Oberfläche mit einer Palette glatt streichen. Im vorgeheizten Ofen in der Ofenmitte 15–20 Minuten backen oder so lange, bis das Soufflé aufgegangen ist und eine goldbraune Kruste bekommen hat, im Innern jedoch noch nicht vollständig durchgegart ist.

6 Das Soufflé sofort servieren, die Crème Anglaise, oder wahlweise geschlagene Sahne, separat dazu reichen.

 Backtemperatur
190 °C/Gas Stufe 3

 Backzeit
35 Minuten

 Backform
Souffléform (1 l Inhalt), gebuttert und mit etwas extrafeinem Zucker ausgestreut, mit einer Manschette aus Antihaft-Backpapier (10 cm hoch) umklebt, ebenfalls gebuttert und mit extrafeinem Zucker bestreut

 Ergibt
4 Portionen

Crêpes mit Amaretti-Schokoladen-Füllung

Aus einfachen Crêpes wird etwas ganz Besonderes, wenn man sie mit einer Füllung serviert, die von ihren anregenden Kontrasten lebt: Schokoladengeschmack mischt sich mit dem Geschmack von Mandeln; Keksstückchen verleihen der cremigen Kombination von Schokolade und Schlagsahne den nötigen Biss. Das Flambieren mit Weinbrand kann, falls gewünscht, weggelassen werden.

ZUTATEN

Für die Crêpes

125 g Weizenmehl
1/4 TL Salz
3 Eier
250 ml Milch
2 EL Butter, geschmolzen
Öl oder Butter zum Einfetten

Für die Füllung

275 ml Milch
3 Eigelb
75 g extrafeiner Zucker
30 g Weizenmehl
75 g dunkle Schokolade, zerkleinert (Seite 32)
1 EL Mandellikör (beispielsweise Amaretto di Saronno)
150 ml Schlagsahne, halbfest geschlagen
60 g Amaretti-Kekse, zerbröselt
Geschmolzene Butter zum Bepinseln
Zucker zum Bestreuen
3–4 EL Weinbrand zum Flambieren

1 Für die Crêpes das Mehl mit dem Salz mischen und in eine Schüssel sieben. Eine Mulde in die Mitte des Mehls machen und die Eier und die Milch hineingeben. Von der Mitte ausgehend die Zutaten langsam miteinander verrühren, anschließend die geschmolzene Butter hinzufügen. Nicht zu lange rühren. Den Teig mindestens 20 Minuten ausquellen lassen. Er sollte die Konsistenz von dünnflüssiger Schlagsahne haben. Falls nötig, die Mischung mit wenigen Esslöffeln Wasser verdünnen.

2 Ein Crêpepfännchen (22–24 cm Durchmesser) oder eine Bratpfanne mit Öl auspinseln. Die Pfanne erhitzen, bis sie sehr heiß geworden ist (ein in die Pfanne gegebener Tropfen Teig verzischt sofort). Nun einen Vor-

legelöffel voll von der Masse in die Pfanne geben, diese dabei sofort so schwenken, dass der Pfannenboden gleichmäßig mit Teig bedeckt ist. (Überschüssigen Teig abgießen und bei der nächsten Crêpe die Teigmenge anpassen.) Bei hoher Temperatur braun backen, dann die Crêpe wenden und 10 Sekunden auf dieser Seite backen. Man muss einige Crêpes backen, bis man die richtige Konsistenz, Teigmenge und Temperatur herausbekommen hat. Die Eierkuchen nach dem Backen auf einem Teller stapeln.

3 Für die Amaretti-Schokoladen-Füllung die Milch in einer Kasserolle zum Kochen bringen. Das Eigelb mit dem Zucker und dem Mehl in einer Schüssel mittlerer Größe aufschlagen. Die heiße Milch unterschlagen, dann die Mischung in die Kasserolle zurückgießen und unter ständigem Rühren 2 Minuten simmern lassen. Vom Herd nehmen und die Schokolade und den Likör dazugeben. Nach dem Abkühlen die halbfest geschlagene Sahne und die Amaretti-Brösel unterheben.

4 Eine große backofenfeste Auflaufform sorgfältig ausbuttern. Einen Löffel Füllung jeweils auf die untere Hälfte der Crêpes geben, die Crêpes zusammenrollen und nebeneinander mit der Naht nach unten in die Auflaufform legen. Man kann die Crêpes auch zu Vierteln falten und überlappend in die Auflaufform schichten. Mit den anderen Crêpes genauso verfahren.

5 Die Crêpes mit geschmolzener Butter bestreichen und mit etwas Zucker bestreuen. Mit einem Stück Antihaft-Backpapier abdecken und 15–20 Minuten im Ofen backen oder so lange, bis die gefüllten Crêpes heiß sind. Den Weinbrand in einer kleinen Pfanne erhitzen, anzünden und über die Crêpes gießen. Sofort servieren.

 Backtemperatur
180 °C/Gas Stufe 2–3

 Backzeit
15–20 Minuten

 Backform
Auflaufform (1 l Inhalt)

 Ergibt
Etwa 18 Crêpes

 Haltbarkeit
Ungefüllt sind die Crêpes 2 Tage im Kühlschrank haltbar; auch die Füllung ist 2 Tage im Kühlschrank haltbar.

 Einfrieren
Ohne Füllung sind die Crêpes 2 Monate lang haltbar; Frischhaltefolie zwischen die einzelnen Crêpes legen.

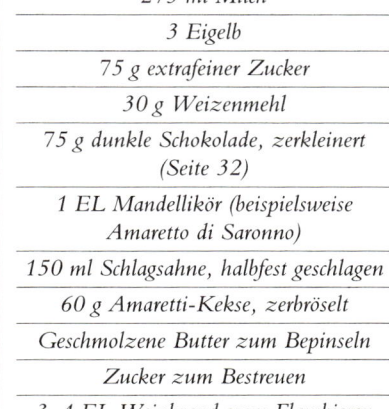

Schoko-Orangen-Pudding

D ieser Pudding wird in kleinen Förmchen im Ofen gebacken, und zwar im Wasserbad, was ihm die Leichtigkeit eines dampfgegarten Puddings verleiht.

ZUTATEN

Fein abgeriebene Schale von 1/2 unbehandelten Orange

100 g dunkle Schokolade, geschmolzen (Seite 33)

6 Eier, getrennt

60 g Kristallzucker

100 g gemahlene Mandeln

60 g Schokoladenkuchen, zerbröselt

1 Prise Salz

Für die Sauce

300 ml Schlagsahne

2–3 EL extrafeiner Zucker

1–2 EL Orangenlikör (beispielsweise Cointreau)

1 Die fein geriebene Orangenschale in die geschmolzene Schokolade rühren. Das Eigelb mit dem Zucker weißschaumig schlagen. Zuerst die Schokolade, dann die Mandeln und danach die Schokoladenkuchenbrösel unter die Eigelbmasse ziehen.

2 Das Eiweiß mit dem Salz steif schlagen. Zur Lockerung einen großen Löffel Eischnee unter die Schokoladenmasse ziehen, dann den restlichen Eischnee vorsichtig unterheben.

3 Den Teig in die vorbereiteten Förmchen gießen, diese mit gebutterter Folie abdecken. Die Puddingförmchen in eine mindestens 5 cm tiefe Pfanne oder ofenfeste Form stellen. Die Pfanne mit so viel heißem Wasser befüllen, dass die Förmchen bis zur Hälfte im Wasser stehen.

4 Die Pfanne vorsichtig in den vorgeheizten Ofen stellen und die Puddings 30 Minuten backen oder so lange, bis sie durchgegart sind.

5 Für die Sauce die Sahne schlagen, bis sie dickflüssig ist. Dann 2 Esslöffel Zucker und 1 Esslöffel Likör hinzufügen. Probieren und nach Belieben weiter süßen und aromatisieren.

6 Die Puddings werden gestürzt, indem man mit einem Messer an der Innenseite des Förmchens entlangfährt; dann einen umgedrehten Dessertteller auf das Förmchen legen, beides zusammen umdrehen und einmal kräftig auf das Förmchen klopfen, damit sich der Pudding löst. Mit der Sauce übergießen und heiß servieren.

Backtemperatur
180 °C/Gas Stufe 2–3

Backzeit
30 Minuten

Backformen
Acht Puddingförmchen aus Metall (je 175 ml Inhalt), gebuttert und mit Zucker ausgestreut

Ergibt
8 Stück

Haltbarkeit
Die Puddings sollten sofort verzehrt werden.

Dampfgegarter Schokoladenpudding

D urch die Verwendung von Kuchenbröseln anstelle des traditionellen Stärkemehls und viel Eischnee wird der dampfgegarte Pudding leicht und locker. Er kann um eine zusätzliche Geschmacksnuance bereichert werden, indem man etwas Likör hinzugibt oder ihn mit Ingwer würzt, wie auf der folgenden Seite beschrieben.

ZUTATEN

180 g Schokoladenkuchen

2 TL gemahlener Zimt

90 g dunkle Schokolade (Kakaoanteil mindestens 70%)

175 ml Milch

60 g Butter

60 g Kristallzucker

3 Eier, getrennt

1 TL Vanilleextrakt

1 kleine Prise Weinstein

Außerdem

Dunkle Schokoladensauce (Seite 135) oder 175 ml Schlagsahne, geschlagen

1 Den Schokoladenkuchen in Stücke brechen und in einer Küchenmaschine oder einem Mixer zu Brösel verarbeiten, dazu den Intervallknopf kurz betätigen. Den Zimt einrühren.

2 Die Schokolade zusammen mit der Milch langsam schmelzen (Seite 34) und glatt rühren, dann beiseite stellen.

3 Die Butter mit dem Zucker cremig rühren. Die Eidotter einzeln hinzufügen und gründlich verrühren. Die Schokoladenmilch zu den Kuchenbröseln geben und vermischen. Die Bröselmasse zur Buttermischung geben und gut unterrühren. Den Vanilleextrakt hinzufügen.

4 Das Eiweiß mit dem Weinstein schlagen, bis sich feste Spitzen bilden. Unter die Schokoladenmasse heben und alles in die gebutterte Puddingform geben. Die Oberfläche mit einer Palette glatt streichen. Die Form mit einem gefältelten Stück Antihaft-Backpapier abdecken. Ein Geschirrtuch von oben über die Form legen und unter der Form fest zusammenbinden.

Backzeit
65–75 Minuten

Backform
Puddingform (1 l Inhalt), dick mit Butter eingefettet

Ergibt
6–8 Portionen

Die Enden des Geschirrtuchs nach oben ziehen und zu einer Art Griff zusammenbinden. Überstehendes Backpapier abschneiden.

5 Einen dreifüßigen Untersetzer oder eine umgedrehte Untertasse auf den Boden eines hohen Topfs stellen. Den Topf mit so viel Wasser füllen, dass die Puddingform später bis zur Hälfte im Wasser steht. Das Wasser im Topf erhitzen; wenn es köchelt, die Puddingform in den Topf setzen, den Deckel schließen und den Pudding im Wasserbad 65–75 Minuten garen.

6 Den Pudding vorsichtig aus dem Wasser heben. Das Geschirrtuch und das Backpapier entfernen. Mit einem Messer an der Innenseite der Puddingform entlangfahren, um den Pudding zu lösen, anschließend auf eine tiefe Servierplatte stürzen.

7 Vor dem Servieren den Pudding mit der warmen Schokoladensauce übergießen, übrig gebliebene Sauce extra in einer Sauciere reichen. Der Pudding schmeckt auch mit geschlagener Sahne wunderbar.

DAMPFGEGARTER SCHOKOLADENPUDDING
Dies ist ein reichhaltiges, aber dennoch lockeres warmes Dessert. Eine würzige Note bekommt der Pudding durch Beigabe von Ingwer, wie in der Puddingvariante unten beschrieben.

VARIANTE
Dampfgegarter Schokoladenpudding mit Ingwer
Den Zimt und den Vanilleextrakt weglassen, stattdessen 1 Teelöffel gemahlenen Ingwer, 2 Esslöffel gehackten eingelegten Ingwer und 1 Esslöffel Ingwersirup (vom eingelegten Ingwer) zugeben.

Kühle Desserts

Eine erfrischende Leichtigkeit zeichnet diese kühlen Desserts, darunter Mousses und Meringen, edle Terrinen, ein geeistes Soufflé und zarte, lockere Cremes, aus. Eine delikate Auswahl verschiedener Schokoladensorten wird mit vielerlei Aromen genussvoll kombiniert – weiße Schokolade mit Limetten, dunkle Schokolade mit Rum oder Orangenlikör beispielsweise; dabei sind hier sowohl klassische als auch ungewöhnliche, neue Partnerschaften vertreten. In einigen Rezepten unterstreicht feiner Mokka die geschmackliche Intensität der Schokolade. Saucen oder Cremes als Beigabe und zahlreiche Vorschläge für stilvolle Dekorationen runden alle Dessertrezepte perfekt ab.

Samtige Schokoladenmousse

ZUTATEN

150 g dunkle Schokolade (Kakaoanteil mindestens 70%)
3 Eier, getrennt
75 g Butter, in kleine Stücke geschnitten
1 EL *Crème de Cacao* oder anderer Schokoladenlikör oder 2 TL Vanilleextrakt
1 Eiweiß
1 Prise Salz
1 Menge *Crème Anglaise* nach dem Rezept auf Seite 134
Dunkle Schokolade, geschmolzen (Seite 33), zum Dekorieren

Diese Mousse ist wunderbar zart – wie schon ihr Name verheißt. Serviert wird die Mousse mit einer leichten Crème Anglaise, besonders eignet sie sich aber auch als feine Grundlage für kreativ gestaltete Desserts.

1 Die Schokolade schmelzen (Seite 33). Die Eidotter einzeln in die noch heiße Schokolade rühren. Die Butter unterrühren. Wenn alles gut vermischt ist, den Likör oder den Vanilleextrakt hinzufügen.

2 Die 4 Eiweiß mit der Prise Salz aufschlagen, bis sich feste Spitzen bilden. Zur Lockerung einen gehäuften Löffel Eischnee unter die Schokoladenmasse ziehen, dann behutsam den restlichen Eischnee unterheben.

3 Die Schokoladenmasse in die Form geben, abdecken und zum Festwerden etwa 4 Stunden in den Kühlschrank stellen.

4 Zum Servieren mit der Creme Anglaise einen Spiegel auf die einzelnen Dessertteller gießen. Einen Vorlegelöffel mit heißem Wasser anwärmen und ovale Nocken von der Mousse abstechen. Die Nocken mit der abgerundeten Seite nach oben auf den Saucenspiegel setzen. Für die Dekoration mit der geschmolzenen Schokolade Linien in die Crème Anglaise spritzen und mit einem Holzstäbchen in das gewünschte Muster verwandeln.

 Zubehör Auflaufform oder andere flache Schüssel (20 cm Durchmesser)

 Ergibt 6 Portionen

 Haltbarkeit Abgedeckt im Kühlschrank 1 Woche lang haltbar

 * Achtung! Bei dieser Zubereitung wird rohes Eiweiß verwendet (Anmerkungen, Seite 9).

Marmorierte Millefeuilles *(Unten und rechts)*

VARIANTE

Marmorierte Millefeuilles
Die Samtige Schokoladenmousse nach dem Vorbild einer mehrlagigen Cremetorte löffelweise zwischen dunkelbraun-weiß marmorierte Schokoladenwellen (Seite 47) schichten.

Bei den Marmorierten Millefeuilles
lockt die Samtige Schokoladenmousse
zwischen hauchdünnen Wellen aus
dunkler und weißer Schokolade.

Die Schokoladenwellen erhalten
ihre gebogene Form, wenn
man sie über dem Stiel eines
Kochlöffels erstarren lässt.

Samtige Schokoladen-
mousse wird zwischen
Schokoladenwellen
(ungefähr 7 cm² groß)
geschichtet.

Limettenmousse mit weißer Schokolade

Bei dieser herrlich einfachen Mousse bildet der zarte, cremige Geschmack weißer Schokolade einen reizvollen Kontrast zu dem herben Aroma frischer Limetten – harmonischer und weniger säuerlich als Zitronen.

ZUTATEN

Für die Mousse

$1^1/_2$ TL gemahlene Gelatine

2 EL kaltes Wasser

250 g weiße Schokolade, zerkleinert (Seite 32)

150 ml Schlagsahne

5 EL Limettensaft

Abgeriebene Schale von einer unbehandelten Limette

2 Eiweiß

1 Prise Salz

2 TL extrafeiner Zucker

Limettenschale zum Dekorieren

1 2 Esslöffel kaltes Wasser in eine Tasse gießen und mit der Gelatine bestreuen. Die Gelatine 5 Minuten quellen lassen. Die Tasse in eine Schüssel mit heißem Wasser setzen und warten, bis sich die Gelatine aufgelöst hat.

2 Die Schokolade vorsichtig schmelzen (Seite 33). Die Sahne schlagen, bis sich weiche Spitzen bilden. Einen großen Löffel Sahne in die Schokolade rühren. Die Gelatine, den Limettensaft und die abgeriebene Limettenschale hinzufügen und die restliche Sahne unterheben.

3 Das Eiweiß mit dem Salz aufschlagen, bis sich weiche Spitzen bilden. Den Zucker zugeben und weitere 30 Sekunden schlagen. Einen großen Löffel Eischnee unter die Schokolade ziehen, dann den Rest Eischnee unterheben.

4 Die Masse entweder in der Schüssel lassen oder auf sechs Schälchen verteilen und 4–6 Stunden kühl stellen. Die Mousse in den Schälchen servieren oder mit einem Löffel aus der großen Schüssel nehmen und in Schoko-Haselnuss-Waffelkörbchen (Seite 89) setzen. Mit Spiralen aus Limettenschale garnieren.

 Zubehör
Sechs Dessertschälchen (nach Wunsch)

 Ergibt
6 Portionen

 Haltbarkeit
Im Kühlschrank 2 Tage lang haltbar

 Achtung!
Bei dieser Zubereitung wird rohes Eiweiß verwendet (Anmerkungen, Seite 9).

Schokoladen-Charlotte

Die traditionelle Charlotte kommt hier, mit Schokolade und Kaffee verfeinert, zu neuen Ehren.

ZUTATEN

180 g dunkle Schokolade (Kakaoanteil mindestens 70 %)

150 g Butter, in kleine Stücke geschnitten

50 g Kakaopulver

2 Eier

90 g extrafeiner Zucker

1–2 EL weißer Rum

300 ml Schlagsahne, geschlagen

1 kleine Tasse starker schwarzer Kaffee

etwa 325 g Löffelbiskuits

1 Die Schokolade schmelzen (Seite 33). In die noch warme Schokolade die Butter, danach das Kakaopulver einrühren.

2 Die Eier mit dem Zucker über einer Schüssel mit heißem Wasser aufschlagen, bis die Masse sehr dickflüssig ist und spiralförmig vom Rührer abtropft. Mit einem Metalllöffel behutsam die Schokoladenmasse, den Rum und die geschlagene Sahne unter die Eimasse ziehen.

3 Die Löffelbiskuits auf der einen Seite mit Kaffee bepinseln und mit ihnen, die bestrichene Seite nach innen, den Boden und die Seiten der Form auslegen; dabei, wo nötig, die Löffelbiskuits zurechtschneiden. Die Schokoladenmasse in die Form füllen, mit Frischhaltefolie abdecken und über Nacht in den Kühlschrank stellen.

4 Eine Stunde vor dem Servieren die Schokoladen-Charlotte auf eine Platte stürzen und Zimmertemperatur annehmen lassen.

 Zubehör
Charlotte-Form oder Schüssel (17 cm Durchmesser; 1,5 l Inhalt), mit Frischhaltefolie ausgelegt, am Rand überlappen lassen

  **Ergibt**
10 Portionen

 Haltbarkeit
Im Kühlschrank 3–4 Tage lang haltbar

 Achtung!
Bei dieser Zubereitung werden die Eier nur leicht erhitzt (Anmerkungen, Seite 9).

Schokoladen-Amaretti-Mousse

Diese feine, aromatische Mousse benötigt keine aufwendige Dekoration – es genügt, sie mit Amaretti-Bröseln zu bestreuen.

ZUTATEN

150 g dunkle Schokolade

2 EL Rum oder Weinbrand

2 EL starker schwarzer Kaffee

1 EL Kakaopulver

4 Eier, getrennt

150 ml Schlagsahne, geschlagen

60 g Amaretti-Kekse, zerbröselt

1 Die Schokolade mit dem Likör, dem Kaffee und dem Kakaopulver schmelzen (Seite 34) und glatt rühren. In die noch warme Masse die Eidotter einzeln einrühren.

2 Das Eiweiß steif schlagen, vorzugsweise in einer Kupferschüssel. Zur Lockerung der Schokoladenmasse zunächst etwa ein Viertel des Eischnees unter die Schokolade ziehen, danach den Rest unterheben. Die Sahne schlagen, bis sich weiche Spitzen bilden, und behutsam unter die Schokoladenmousse ziehen.

3 Einen gehäuften Esslöffel zerbröselter Amaretti in ein Stück Folie wickeln und für die Dekoration beiseite legen.

4 Die restlichen Keksbrösel gleichmäßig in acht kleinen Soufflé-förmchen verteilen und die Mousse darauf geben. Vor dem Servieren 3–4 Stunden im Kühlschrank oder 1 Stunde im Gefriergerät kühlen. Die Mousse mit den zurückbehaltenen Amaretti-Bröseln bestreuen und in den Souffléförmchen servieren.

 Zubehör Acht kleine Soufflé-förmchen

 Ergibt 8 Portionen

 Haltbarkeit Im Kühlschrank 2 Tage lang haltbar

 Einfrieren 2 Monate

 * Achtung! Bei dieser Zubereitung werden die Eier nur leicht erhitzt (Anmerkungen, Seite 9).

Geeistes Schokoladensoufflé

Das üppige Dekor dieser Soufflés lässt auf ein wahrhaft luxuriöses Dessert schließen – seine inneren Werte sind Schokolade und Kakao, ein nicht zu kleiner Schuss Alkohol und ein großzügiger Anteil geschlagener Sahne.

ZUTATEN

30 g Kakaopulver

60 g dunkle Schokolade, zerkleinert (Seite 32)

125 ml Wasser

100 g extrafeiner Zucker

2 Eiweiß

2 EL Grand Marnier oder weißer Rum

300 ml Schlagsahne, geschlagen

Schokoladenlocken zum Dekorieren (Seite 42)

1 Das Kakaopulver, die Schokolade und 4 Esslöffel Wasser zusammen schmelzen (Seite 34).

2 Den Zucker im restlichen Wasser in einer kleinen, schweren Kasserolle auflösen, zum Kochen bringen und ohne Umrühren kochen lassen, bis die Zuckerlösung eine Temperatur von 115 °C auf dem Zuckerthermometer erreicht hat (dieses Kochstadium wird auch »kleiner Ballen« genannt). Während der Zucker kocht, das Eiweiß steif schlagen.

3 Den heißen Zuckersirup unter ständigem Schlagen mit einem Schneebesen in gleichmäßigem Strahl über den Eischnee gießen. Mit dem Schlagen fortfahren, bis die Masse dick und abgekühlt ist, was ungefähr 10 Minuten dauert.

4 Mit einem Metalllöffel erst die Schokolade, dann den Alkohol und die geschlagene Sahne unter den Eischnee ziehen. Die Masse in die Souffléförmchen füllen und mindestens 3 Stunden gefrieren lassen oder so lange, bis die Soufflémasse fest geworden ist.

5 Etwa 1 1/2 Stunden vor dem Servieren die Förmchen aus dem Gefrierschrank nehmen und zum Antauen in den Kühlschrank stellen. Die Papiermanschetten abziehen und die Soufflés mit den Schokoladenlocken dekorieren.

 Zubehör Vier Souffléförmchen, mit 3–4 cm über den Rand hinausragenden Manschetten aus Antihaft-Backpapier umklebt

 Ergibt 4 Portionen

 Einfrieren Vollständig eingewickelt 2 Wochen

* Achtung! Bei dieser Zubereitung wird das Eiweiß nur leicht erhitzt (Anmerkungen, Seite 9).

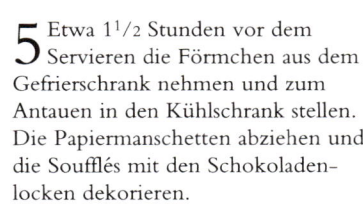

Schokomeringen-Sandwiches

ZUTATEN

1 Menge Schokomeringen
(Rezept Seite 81)

Für die Füllung und Dekoration

1 Menge Schokoladen-Bavaroise
aus Festliche Schokoladen-Bavaroise
(unten)

150 ml Schlagsahne,
geschlagen

60–90 g Himbeeren

Schokoladenlocken (Seite 43)

1 Die Meringenmasse in einen
Spritzbeutel aus Nylon mit
Lochtülle (5 mm Durchmesser) füllen.

2 Antihaft-Backpapier in der Größe
der Backbleche zuschneiden und
an den Ecken mit kleinen Butterklecksen auf den Backblechen »ankleben«.
Die Meringenmasse in die markierten
Kreise spritzen, dabei in der Mitte
jedes Kreises beginnen und ohne
abzusetzen den Kreis von innen nach
außen fertig aufspritzen.

3 Die Meringen im vorgeheizten
Ofen 1–1¹/₂ Stunden backen oder
so lange, bis sie knusprig sind. Vom
Papier abziehen und auf einem Gitterrost abkühlen lassen.

4 Die Schokoladen-Bavaroise
zubereiten und in die vorbereitete
Form gießen. Zum Festwerden in
den Kühlschrank stellen.

5 Die Bavaroise auf fettdichtes Papier
stürzen. Das Antihaft-Backpapier
abziehen. Aus der Bavaroise acht
Kreise (7 cm Durchmesser) ausstechen
und diese mit Schlagsahne zwischen
zwei Schokomeringen setzen. Mit
Schlagsahne, Himbeeren und Schokoladenlocken dekorieren.

Backtemperatur
120 °C/Gas Stufe ¹/₂

Backzeit
1–1¹/₂ Stunden

Backformen
Zwei flache Backbleche,
mit Antihaft-Backpapier
ausgelegt, darauf jeweils
acht Kreise (7 cm Durchmesser) im Abstand von
1 cm aufgezeichnet;
flache Back- oder Auflaufform (28 cm Durchmesser; 1 l Inhalt), mit
Antihaft-Backpapier
ausgekleidet

Ergibt
8 Stück

Haltbarkeit
Im Kühlschrank 2 Tage
lang haltbar

*Dieses Dessert – nach
einer Kombination aus zwei
in diesem Buch enthaltenen
Rezepten – eignet sich hervorragend als krönender
Abschluss eines Menüs, wenn
man Gäste besonders verwöhnen möchte.*

Festliche Schokoladen-Bavaroise

ZUTATEN

Für den gestreiften Biskuitteig

160 g Weizenmehl

15 g Kakaopulver

6 Eier, getrennt

¹/₂ TL Vanilleextrakt

190 g extrafeiner Zucker

30 g Puderzucker

2 EL Orangenmarmelade

Für die Schokoladen-Bavaroise

³/₄ EL gemahlene Gelatine

4 EL frisch gepresster Orangensaft

175 ml Milch

3 Eier, getrennt

90 g extrafeiner Zucker

2 EL Kakaopulver, gesiebt

60 g dunkle Schokolade (Kakaoanteil
mindestens 70%), in kleine Stücke
gehackt (Seite 32)

1 Prise Salz

100 ml Schlagsahne, halbfest geschlagen

2 EL Orangenlikör

Für die Dekoration

Weiße Schokoladenlocken (Seite 43)

Kandierte Zitrusschale in feinen Streifen

1 Für den Biskuitteig 70 g Mehl
mit dem Kakaopulver auf fettdichtes Papier sieben. Das restliche
Mehl (90 g) auf ein zweites Stück
Papier sieben.

2 Vom Zucker 2 Esslöffel abnehmen. Das Eigelb, den Vanilleextrakt und den restlichen Zucker
zusammen aufschlagen, bis die Masse
dickflüssig ist und spiralförmig vom
Rührer tropft.

3 Das Eiweiß schlagen, bis sich
weiche Spitzen bilden, dann die
zurückbehaltenen 2 Esslöffel Zucker
hinzufügen und in einer weiteren
Minute vollständig steif schlagen.

4 Einen Löffel Eischnee zur
Lockerung unter die Eigelbmasse
ziehen, dann den Rest Eischnee
unterheben. Bevor der Eischnee ganz
untergemischt ist, die Hälfte der
Masse in eine andere Schüssel umfüllen. Das Mehl mit dem Kakaopulver
in die eine Schüssel sieben und
unterziehen. Das reine Mehl in die
andere Schüssel sieben und unterziehen.

5 Die beiden Massen jeweils in
einen Spritzbeutel mit Lochtülle
(1 cm Durchmesser) füllen.

Backtemperatur
220 °C/Gas Stufe 4–5

Backzeit
7–8 Minuten

Backformen
Backblech (35 × 38 cm),
eingefettet, mit Mehl
bestäubt und mit Backpapier ausgelegt;
Springform
(22 cm Durchmesser;
6 cm hoch)

Ergibt
8 Portionen

Haltbarkeit
Im Kühlschrank 2 Tage
lang haltbar

✳ Achtung!
Bei dieser Zubereitung
wird das Eiweiß nur
leicht erhitzt (Anmerkungen, Seite 9).

*Die Schokoladen-Bavaroise – eine lockere Mousse,
standfest durch Gelatine –
wird für besondere Anlässe
eingekleidet, und zwar in
eine besonders elegante Hülle
aus schokoladenbraun-weiß
gestreiftem Biskuit.*

Die beiden Massen abwechselnd in diagonal verlaufenden Streifen auf das Backblech spritzen (Schritt 1, unten). Mit dem Puderzucker überstäuben, stehen lassen und nach 5 Minuten erneut überstäuben.

6 Im vorgeheizten Ofen 7–8 Minuten backen. Einige Minuten auf dem Blech ruhen lassen, dann stürzen und das Papier abziehen (Schritt 2, unten).

FERTIGSTELLUNG DES DESSERTS

1 Zwei Streifen Teig abmessen und zurechtschneiden, um die Seiten der Springform damit auszulegen. Danach einen Kreis als Boden zurechtschneiden (Schritt 3, unten). Mit den Stücken die Springform auskleiden (Schritt 4, unten). Die Marmelade zusammen mit 1 Esslöffel Wasser erwärmen und den Teig damit bestreichen.

2 Für die Schokoladen-Bavaroise die Gelatine mit dem Orangensaft in eine Tasse geben und 5 Minuten quellen lassen, dann die Tasse in heißes Wasser stellen.

3 In der Zwischenzeit die Milch in einer großen Kasserolle zum Kochen bringen. Das Eigelb mit 75 g

Zucker und dem Kakaopulver aufschlagen. Die kochende Milch dazugeben, schlagen und zurück in die Kasserolle gießen. Bei niedriger Temperatur unter Rühren warm halten, bis die Masse einzudicken beginnt und gerade eben die Rückseite des Rührlöffels deckend überzieht. Unbedingt darauf achten, dass die Eimasse nicht einmal leicht köchelt, da sie sonst gerinnt.

4 Die Kasserolle vom Herd nehmen, die Gelatine und die Schokolade einrühren. Das Eiweiß mit dem Salz schlagen, bis sich weiche Spitzen bilden, dann den restlichen Zucker hinzufügen und weitere 30 Sekunden schlagen oder so lange, bis der Eischnee fest ist. Den Eischnee unter die heiße Schokoladensauce ziehen.

5 Die Kasserolle in Eiswasser setzen und gelegentlich umrühren, bis die Masse eindickt. Wenn sie gerade fest zu werden beginnt, die geschlagene Sahne und den Likör unterziehen.

6 Die Bavaroise in die mit dem Biskuitteig ausgekleidete Springform füllen und mindestens 4 Stunden kühlen. Aus der Form nehmen und mit Schokoladenlocken und kandierter Zitrusschale (Seite 127) garnieren.

Die gehaltvolle Schokoladencreme wird von lockerem gestreiftem Biskuit umhüllt.

Die Herstellung der Biskuithülle

1 *Zur Herstellung der gestreiften Biskuithülle abwechselnd dunkle und helle Biskuitmasse in diagonalen Streifen über das Backblech spritzen.*

2 *Um das Backpapier abzuziehen, mit dem das Backblech ausgelegt war, zuerst eine der Papierecken, die sich weiter weg befinden, anheben und zu sich her ziehen.*

3 *Zum Auslegen der Springform 6 cm breite Streifen aus dem Teig schneiden; für den Boden einen Kreis ausschneiden, der etwas kleiner als die Springform (22 cm Durchmesser) ist.*

4 *Zur Herstellung der Biskuithülle zuerst die Seitenstreifen einpassen, falls nötig noch einmal zurechtschneiden, dann den Biskuitboden hineinlegen.*

So gut macht sich die Festliche Schokoladen-Bavaroise aufgeschnitten als Dessert.

Mont Blanc

Noch ein köstliches Rezept mit Meringen – hier thront auf ihnen eine cremige Mischung aus Maronen und Schokolade.

ZUTATEN

Für die Meringen

2 Eiweiß

1 Prise Weinstein

125 g extrafeiner Zucker

$^{1}/_{2}$ TL Vanilleextrakt

Für das Püree

500 g Maronen, vakuumverpackt

300 ml Milch

30 g extrafeiner Zucker

180 g dunkle Schokolade, zerkleinert (Seite 32)

1 TL Vanilleextrakt

300 ml Schlagsahne, geschlagen

60 g dunkle Schokolade, geraspelt (Seite 42)

1 Die Meringenmasse zubereiten (Seite 81), anschließend damit zehn Kreise mit jeweils 7 cm Durchmesser auf die Backbleche spritzen und im vorgeheizten Ofen backen, wie im Rezept *Schokomeringen-Sandwiches* (Seite 110) beschrieben.

2 Die Maronen mit der Milch und dem Zucker 10 Minuten köcheln lassen. In einer Küchenmaschine mit der Schokolade und dem Vanille-extrakt zusammen pürieren oder alles durch eine Passiermaschine oder einen Fleischwolf mit großer Lochscheibe drehen.

3 Das Püree in einen Spritzbeutel mit Lochtülle (3 mm Durchmesser) füllen (ist das Püree zu dick zum Spritzen, noch etwas Milch zugeben). Das Püree so auf die Meringen spritzen, dass ein Nest entsteht. Die geschlagene Sahne in der Nestmitte auftürmen und mit geraspelter Schokolade bestreuen. Bis zum Servieren kühl stellen.

VARIANTE

Die Meringen weglassen und das Püree durch eine Passiermaschine oder einen Fleischwolf mit großer Lochscheibe direkt auf eine große Servierplatte drehen. Die Passiermaschine oder den Fleischwolf jeweils so nah an der Servierplatte positionieren, dass sich die Püreestränge am Außenrand der Platte aufhäufen. Je näher es der Mitte zu geht, desto höher muss man die Maschine anheben, damit am Ende in der Mitte ein Püreekegel entsteht. Den Kegel mit geschlagener Sahne bedecken – er soll aussehen, wie ein hoher weißer Berg – mit geraspelter Schokolade bestreuen und servieren.

Backtemperatur
120 °C/Gas Stufe $^{1}/_{2}$

Backzeit
1–1$^{1}/_{2}$ Stunden

Backformen
Zwei flache Backbleche, mit Antihaft-Backpapier ausgelegt, auf dem jeweils 5 Kreise (7 cm Durchmesser) im Abstand von 1 cm aufgezeichnet sind

Ergibt
10 Stück

Haltbarkeit
Im Kühlschrank ist das Püree 2 Tage lang haltbar; das fertige Dessert hält sich 3–4 Stunden im Kühlschrank.

Mokka- und Schokoladentöpfchen

Die Schokoladencreme wirkt am besten mit stilvoller Dekoration: Die Sahnerosette, die auf dieser Mokkacreme im Töpfchen thront, wird von einer Kaffeebohne gekrönt.

ZUTATEN

Für die Mokkatöpfchen

300 ml Schlagsahne

2 EL Kaffee, mittelfein gemahlen

60 g dunkle Schokolade, zerkleinert (Seite 32)

1 EL extrafeiner Zucker

4 Eigelb

Für die Schokoladentöpfchen

300 ml Schlagsahne

180 g dunkle Schokolade, zerkleinert (Seite 32)

1 TL Vanilleextrakt

1 Für die Mokkatöpfchen die Schlagsahne mit dem gemahlenen Kaffee langsam zum Kochen bringen, dann vom Herd nehmen, einige Male umrühren und durch ein feines Sieb oder einen Kaffeefilter abgießen. Die Schokolade und den Zucker dazugeben und glatt rühren. Die Eidotter einzeln unterschlagen.

2 Die Masse auf 4 Souffléförmchen verteilen. Die Förmchen in einen Topf stellen. Den Topf so hoch mit heißem Wasser füllen, dass die Förmchen zu zwei Dritteln im Wasser stehen. Den Topf mit Alufolie abdecken und im vorgeheizten Ofen 30 Minuten garen oder so lange, bis die Creme gerade eben fest ist. Abkühlen lassen und vor dem Servieren 30 Minuten kühl stellen.

3 Für die Schokoladentöpfchen die Schlagsahne zum Kochen bringen, vom Herd nehmen und die zerkleinerte Schokolade einrühren. Wenn die Masse vollständig vermischt ist, den Vanilleextrakt unterrühren. Die Masse gleichmäßig auf die restlichen 4 Souffléförmchen verteilen, abkühlen lassen und vor dem Servieren mindestens 3 Stunden in den Kühlschrank stellen.

Backtemperatur
150 °C/Gas Stufe 1

Backzeit
30 Minuten

Backformen
8 Souffléförmchen

Ergibt
8 Stück

Haltbarkeit
Abgedeckt im Kühlschrank 2 Tage lang haltbar

Striped Silk

Dieses effektvolle Dessert benötigt keine zusätzliche Dekoration – eine hübsche Servierplatte genügt. Nach Belieben kann man Kleingebäck wie die Schoko-Haselnuss-Waffeln (Seite 89) dazu reichen.

ZUTATEN

25 g gemahlene Gelatine	
8 EL kaltes Wasser	
1 l Milch	
8 Eigelb	
125 g extrafeiner Zucker	
60 g dunkle Schokolade, zerkleinert (Seite 32)	
2 TL Vanilleextrakt	
50 g Kristallzucker	
350 ml Schlagsahne	

1 Die gemahlene Gelatine mit 6 Esslöffeln kaltem Wasser in eine Tasse geben und 5 Minuten quellen lassen. Die Tasse in heißes Wasser setzen, um die Gelatine aufzulösen.

2 Die Milch in einer großen Kasserolle zum Kochen bringen. Das Eigelb mit dem extrafeinen Zucker in einer großen Schüssel weißschaumig aufschlagen. Unter ständigem Rühren nach und nach die heiße Milch über die Eigelbmasse gießen, dann in die Kasserolle zurückgeben und bei niedriger Temperatur mit einem Kochlöffel aus Holz rühren, bis die Creme dickflüssig genug ist, um auf dem Löffel einen leicht deckenden Überzug zu hinterlassen. Unbedingt darauf achten, dass die Creme nicht einmal leicht köchelt, da sonst die Eier gerinnen. Vom Herd nehmen und die Gelatine einrühren.

3 Die Creme auf drei Schüsseln, vorzugsweise aus Edelstahl, verteilen. Die Schokolade in eine der Schüsseln geben und unterrühren. Den Vanilleextrakt in die zweite Schüssel geben und gut verrühren.

4 Den Kristallzucker in eine kleine, schwere Kasserolle schütten und erhitzen, bis der Zucker schmilzt und karamellisiert. Wenn der Zucker Farbe annimmt, die Kasserolle schwenken. Färbt er sich kräftig dunkelbraun, die Kasserolle vom Herd nehmen. Der Karamell muss ausreichend gebräunt sein, sonst schmeckt er zu süß, er darf jedoch nicht anbrennen, sonst wird er bitter. Das restliche Wasser mit dem ausgestreckten Arm (um Verbrennungen durch aufspritzendes Wasser zu vermeiden) zum Karamell geben. Bei niedriger Temperatur unterrühren, dann in die dritte Schüssel gießen und unter die Creme mischen.

5 Nach dem Erkalten die Vanillecreme in Eiswasser stellen. Wenn sie gerade einzudicken beginnt, ein Drittel der geschlagenen Sahne behutsam unterheben.

FERTIGSTELLUNG DES DESSERTS

1 Die Form mit kaltem Wasser ausspülen, überschüssiges Wasser abschütten. Die Vanillecreme hineinfüllen und im Kühlschrank oder Gefrierschrank kühlen.

2 Die Karamellcreme in Eiswasser setzen; wenn sie einzudicken beginnt, die Hälfte der übrigen Schlagsahne unterziehen. Wenn die Vanillecreme leicht erstarrt, aber noch nicht vollständig fest ist, die Karamellcreme darüber geben und die Form zurück in den Kühlschrank oder den Gefrierschrank stellen.

3 Den Rest geschlagener Sahne unter die Schokoladencreme heben und sie dann auf die fest gewordene Karamellcreme geben. Die Form abdecken und mindestens 4 Stunden in den Kühlschrank stellen.

SERVIEREN DES DESSERTS

1 Zum Servieren die Form für ein paar Sekunden in sehr heißes Wasser tauchen. Mit einem Messer an der Innenseite der Form entlangfahren und das Dessert auf eine Servierplatte stürzen, wenn nötig, die Form dazu kräftig schütteln. Zum Aufschneiden ein scharfes Messer und zum Servieren auf Desserttellern zwei Tortenheber verwenden.

HINWEIS: Bei Verwendung einer viel benutzten Metallform kann es passieren, dass sich ein metallischer Geschmack auf das Dessert überträgt. Um dies zu vermeiden, die Form mit Frischhaltefolie oder leicht geöltem Backpergament auskleiden.

 Zubehör
Charlotte-Form oder ähnliche Form (2 l Inhalt)

 Ergibt
12 Portionen

 Haltbarkeit
Abgedeckt im Kühlschrank 2 Tage lang haltbar

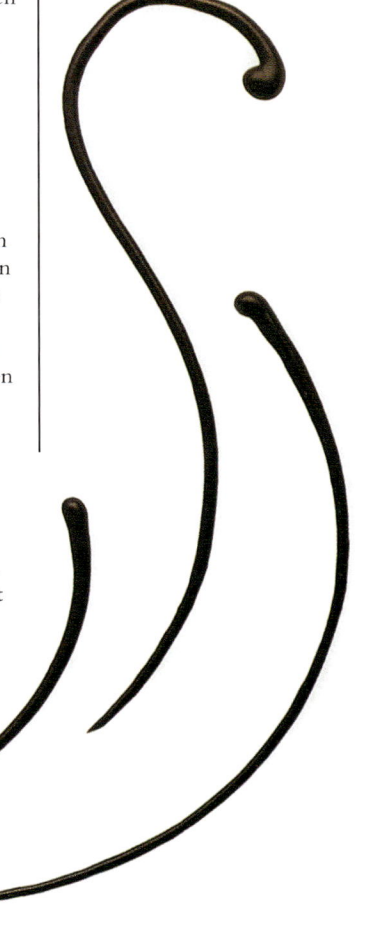

Terrine »Schokoladentraum«

Drei verschiedene Schichten, drei unterschiedliche Texturen: In dieser Terrine vereinen sich dunkle und weiße Schokolade zu einem unwiderstehlichen Dessert-erlebnis.

ZUTATEN

Für die Kuchenschicht

60 g Butter
25 g Kakaopulver
1 Ei
100 g extrafeiner Zucker
1/2 TL Vanilleextrakt
30 g Weizenmehl

Für die weiße Schokoladenschicht

1 TL gemahlene Gelatine
6 EL kaltes Wasser
2 EL Glukosesirup
250 g weiße Schokolade, zerkleinert (Seite 32)
2 Eigelb
1 Prise Salz
300 ml Schlagsahne, halbfest geschlagen

Für die dunkle Schokoladenschicht

1 1/2 TL gemahlene Gelatine
3 EL kaltes Wasser
150 g dunkle Schokolade
2 Eier, getrennt
2 EL Rum
1 Prise Salz
100 ml Schlagsahne, halbfest geschlagen

1 Für die Kuchenschicht die Butter bei niedriger Temperatur schmelzen, das Kakaopulver einrühren und beiseite stellen. Das Ei mit dem extrafeinen Zucker aufschlagen, dann die Kakaomischung und den Vanilleextrakt unterrühren. Das Mehl darüber sieben und unterziehen.

2 Die Masse in die vorbereitete quadratische Form gießen und im vorgeheizten Ofen 20 Minuten backen. Mit einem Messer am Innenrand der Form entlangfahren, den Kuchen in der Form abkühlen lassen und erst dann auf einen Gitterrost stürzen.

3 Einen Teil des Kuchens in der Größe der Kastenform passend zurechtschneiden und als Boden in die Form legen.

4 Für die weiße Schokoladenschicht die Gelatine mit 2 Esslöffeln kaltem Wasser in eine Tasse geben und

5 Minuten quellen lassen. Die Tasse in heißes Wasser setzen und warten, bis sich die Gelatine aufgelöst hat.

5 Das restliche Wasser mit dem Glukosesirup zum Kochen bringen, vom Herd nehmen, die weiße Schokolade und die Gelatine einrühren. Ist alles gründlich vermischt, das Eigelb mit dem Salz unterrühren.

6 Die Sahne behutsam unter die Masse heben. Die Masse auf den Kuchenboden in die Kastenform gießen und glatt streichen. Etwa 1 Stunde lang kühlen oder so lange, bis die Masse fast erstarrt ist.

7 Für die dunkle Schokoladenschicht die Gelatine mit dem Wasser in eine Tasse geben und quellen lassen. Die Tasse in heißes Wasser setzen und warten, bis sich die Gelatine vollständig aufgelöst hat.

8 Die dunkle Schokolade schmelzen (Seite 33). Das Eigelb und den Rum unter die noch heiße Schokolade rühren. Die aufgelöste Gelatine hinzufügen. Das Eiweiß mit dem Salz steif schlagen. Unter die Schokoladenmasse ziehen. Zum Abschluss die Sahne unter die Masse heben.

9 Die dunkle Schokoladenmousse vorsichtig auf die weiße Schokoladenschicht geben, glatt streichen, mit Frischhaltefolie abdecken und die Form für mindestens 8 Stunden in den Kühlschrank stellen oder so lange, bis die Terrine fest geworden ist.

SERVIEREN DER TERRINE

1 Die Terrine mit Hilfe der überlappenden Frischhaltefolie aus der Kastenform heben. Vorsichtig die Folie abziehen, dann die Terrine mit einem in heißes Wasser getauchten, abgetrockneten Messer in dünne Scheiben schneiden.

2 Die Scheiben auf Dessertellern verteilen und nach Wunsch mit Dunkler Schokoladensauce (Seite 135) servieren.

Backtemperatur
180 °C/Gas Stufe 2–3

Backzeit
20 Minuten

Backformen
Quadratische Backform (20 cm), gebuttert und mit Mehl ausgestäubt; Kastenform (20 cm lang), mit Frischhaltefolie ausgekleidet, am Rand überlappen lassen

Ergibt
10–12 Portionen

Haltbarkeit
Abgedeckt im Kühlschrank 2–3 Tage lang haltbar

Einfrieren
2 Monate

Achtung!
Bei dieser Zubereitung wird rohes Eiweiß verwendet (Anmerkungen, Seite 9).

Haselnussmeringe mit schwarzweißer Mousse

Durch die kernig knusprige Haselnussmeringe erhält dieses Schichtdessert – bestehend aus einer hellen und einer dunklen Schicht Schokoladenmousse – eine besondere Komponente in Geschmack und Konsistenz.

* Achtung!
Bei dieser Zubereitung wird rohes Eigelb verwendet (Anmerkungen, Seite 9).

ZUTATEN

Für die Meringe

125 g Haselnüsse, geröstet und geschält (Seite 39)
1 EL Mehl
60 g extrafeiner Zucker
2 Eiweiß
1 Prise Weinstein

Für die Schokoladenmousses

1½ TL gemahlene Gelatine
6 EL kaltes Wasser
150 g weiße Schokolade
2 Eigelb
1 Prise Salz
180 g dunkle Schokolade (Kakaoanteil mindestens 70%)
90 g Butter, in kleine Stücke geschnitten
1 TL Vanilleextrakt
300 ml Schlagsahne, halbfest geschlagen

1 Für die Meringe die Haselnüsse mit dem Mehl und der Hälfte des Zuckers mahlen. Das Eiweiß mit dem Weinstein steif schlagen, dann den restlichen Zucker dazugeben und weiterschlagen, bis sich feste Spitzen bilden. Die Nussmischung unterziehen und die Meringenmasse gleichmäßig glatt in der vorbereiteten flachen Form verstreichen.

2 Die Haselnussmeringe im vorgeheizten Ofen 20 Minuten backen. Mit einem Messer an der Innenseite der Form entlangfahren und 5 Minuten ruhen lassen. Die Meringe auf einen Gitterrost stürzen, das Papier abziehen und abkühlen lassen.

3 Für die Mousses die Gelatine mit 4 Esslöffeln kaltem Wasser in eine Tasse geben und 5 Minuten quellen lassen. Die Tasse in heißes Wasser stellen und warten, bis sich die Gelatine aufgelöst hat.

4 Die weiße Schokolade schmelzen (Seite 33). Ein Eigelb, eine Prise Salz, die Hälfte der Gelatine und die restlichen beiden Esslöffel Wasser in die warme, geschmolzene weiße Schokolade rühren. Abkühlen lassen und in den Kühlschrank stellen.

5 Die dunkle Schokolade schmelzen (Seite 33). Die Butter, den Rest Gelatine, das Eigelb und den Vanilleextrakt in die warme, geschmolzene Schokolade einrühren. Kurz kühl stellen.

6 Die eine Hälfte der geschlagenen Sahne unter die weiße Schokoladenmasse heben, die andere Hälfte unter die dunkle Schokoladenmasse.

7 Die Meringe in zwei Teile schneiden, die der Größe der Kastenform entsprechen. Einen Teil der Meringe in die Form legen und gleichmäßig mit der dunklen Schokoladenmousse bestreichen. Darauf den zweiten Meringenstreifen legen und mit der weißen Schokoladenmousse überziehen. Die fertige Meringe abdecken und mindestens 5 Stunden kühl stellen.

8 Eine Stunde vor dem Servieren die gefüllte Meringe aus der Form nehmen und mit einem in heißes Wasser getauchten, abgetrockneten Messer in Scheiben schneiden. Die Scheiben auf Desserttellern verteilen und bis zum Verzehr an einem kühlen Ort stehen lassen. Mit Himbeer-Coulis (Seite 137) und frischen Himbeeren servieren.

 Backtemperatur
120 °C/Gas Stufe ½

 Backzeit
1–1½ Stunden

 Backformen
Flache Backform (30 × 20 cm), mit Antihaft-Backpapier ausgekleidet; Kastenform (25 × 7 cm), mit Frischhaltefolie ausgelegt, am Rand überlappen lassen

 Ergibt
12 Portionen

 Haltbarkeit
Im Kühlschrank 3 Tage lang haltbar

 Einfrieren
Die Mousses lassen sich 1–2 Monate lang einfrieren.

 Vorbereitungsmöglichkeit
Die Meringe eine Woche im Voraus herstellen; in einem luftdichten Behälter aufbewahren.

Weiße Schokoladen-Marquise

Eine sommerlich leichte Dessertkomposition aus lockerem Biskuitteig und weißer Schokoladenmousse. Das bei diesem Rezept anfallende Eiweiß kann zur Herstellung von Meringen verwendet werden.

✱ Achtung!
Bei dieser Zubereitung wird rohes Eigelb verwendet (Anmerkungen, Seite 9).

ZUTATEN

Für den Biskuitteig

90 g Weizenmehl
1 Prise Salz
3 Eier
90 g extrafeiner Zucker
1 TL Vanilleextrakt
45 g Butter, geschmolzen

Für die Mousse

1 TL gemahlene Gelatine
7 EL kaltes Wasser
2 EL Glukosesirup
300 g weiße Schokolade, zerkleinert (Seite 32)
1 Prise Salz
3 Eigelb
350 ml Schlagsahne

1 Für den Kuchen das Mehl mit dem Salz dreimal sieben. Die Eier in eine große, hitzebeständige Schüssel aufschlagen, nach und nach mit einem elektrischen Handrührgerät den Zucker unterrühren. Die Schüssel über heißes Wasser setzen und etwa 8 Minuten schlagen oder so lange, bis sich das Volumen der Masse verdoppelt hat.

2 Das Mehl in drei Portionen über die Masse sieben, jede Portion mit einem großen Metalllöffel vorsichtig unterziehen. Ebenso den Vanilleextrakt und die geschmolzene Butter unterziehen.

3 Den Teig in die vorbereitete Form füllen und im vorgeheizten Ofen 35 Minuten backen. Mit einem Messer an der Innenseite der Form entlangfahren, um den Kuchen zu lösen, dann den Kuchen 5 Minuten in der Form ruhen lassen und zum Abkühlen auf einen Gitterrost stürzen.

4 Für die Mousse die Gelatine mit 2 Esslöffeln Wasser in eine Tasse geben und 5 Minuten quellen lassen. Die Tasse in sehr heißes Wasser stellen und stehen lassen, bis sich die Gelatine aufgelöst hat.

5 Das restliche Wasser mit dem Glukosesirup zum Kochen bringen, vom Herd nehmen und die weiße Schokolade, das Salz und die aufgelöste Gelatine einrühren. Ist alles gründlich vermischt, die Eidotter einzeln sorgfältig unterrühren.

6 Die Sahne halbfest schlagen und behutsam unter die Masse heben. In die vorbereitete Kastenform füllen und mit dem zurechtgeschnittenen Kuchen bedecken. Über Nacht im Kühlschrank fest werden lassen.

7 Zum Servieren die Marquise stürzen und die Folie entfernen. Mit einem in heißes Wasser getauchten, abgetrockneten Messer in Scheiben schneiden. Die ideale Ergänzung zu diesem Dessert ist die Dunkle Schokoladensauce (Seite 135).

Backtemperatur
180 °C/Gas Stufe 2–3

Backzeit
35 Minuten

Backformen
Quadratische Backform (20 cm), gebuttert und mit Mehl ausgestäubt; Kastenform (20 cm lang), mit Frischhaltefolie ausgekleidet

Ergibt
10 Portionen

Schokoladenhütchen

Dieses verführerisch krosse Gebäck sollte gefüllt serviert werden. Die einfachste wenngleich äußerst delikate Füllung ist geschlagene Sahne mit ein paar Beerenfrüchten. Schon etwas extravaganter ist die Füllung, die hier vorgeschlagen wird.

ZUTATEN

50 ml Ahornsirup
60 g Butter
60 g extrafeiner Zucker
50 g Weizenmehl
2 EL Kakaopulver
1 EL Zitronensaft

1 Den Sirup, die Butter und den Zucker langsam zusammen schmelzen lassen. Das Mehl mit dem Kakaopulver sieben und in die Masse rühren. Ebenso den Zitronensaft einrühren.

2 Auf jedes der beiden vorbereiteten Backbleche 5 gehäufte Esslöffel des Teigs setzen; dabei ausreichend Platz lassen, damit die Teighäufchen aufgehen können. Im vorgeheizten Ofen 7–8 Minuten pro Blech backen.

3 Auf dem Backblech 2 Minuten ruhen lassen. Dann schnell mit Hilfe eines Metall- oder Papierhörnchens zu einem Hütchen formen.

DIE FÜLLUNG

Diese gehaltvolle Füllung besteht aus Mascarpone, der mit 2 Esslöffeln gesüßtem schwarzem Kaffee aromatisiert und mit 150 ml Schlagsahne vermischt wird.

Backtemperatur
190 °C/Gas Stufe 3

Backzeit
7–8 Minuten pro Blech

Backformen
Zwei flache Backbleche, mit Antihaft-Backpapier ausgelegt

Ergibt
10 Hütchen

Haltbarkeit
In einem luftdichten Behälter 2–3 Tage lang haltbar

Festtags-Charlotte

Die Festtags-Charlotte
lässt sich leicht
in Stücke schneiden.

*A*us
*dünnen Scheibchen
Schokoladenbiskuit besteht der
prächtige »Schildkrötenpanzer«
dieses extravaganten Desserts,
der mit feinster weißer
Schokoladenmousse gefüllt ist –
eine besondere Kreation für
einen besonderen Anlass.*

ZUTATEN

Für den Biskuitteig

60 g Weizenmehl
1/2 TL Backpulver
1 Prise Salz
30 g Kakaopulver
3 Eier
100 g extrafeiner Zucker

Für die Aprikosenfüllung

1 TL gemahlene Gelatine
175 ml kaltes Wasser
180 g getrocknete Aprikosen
150 ml Schlagsahne

Für die weiße Schokoladenmousse

425 g weiße Schokolade
125 ml kaltes Wasser
600 ml Schlagsahne
2–3 EL Milch

1 Für den Biskuitteig das Mehl mit dem Backpulver, dem Salz und dem Kakaopulver dreimal sieben. Beiseite stellen. Die Eier mit dem Zucker in eine Schüssel geben und über heißem Wasser aufschlagen, bis die Masse eindickt und spiralförmig vom Rührer abtropft.

2 Die Mehlmischung über die Eimasse sieben, immer nur ein Viertel auf einmal, und mit einem großen Metalllöffel unterziehen. Den Teig in die vorbereitete Backform gießen und glatt streichen.

3 Im vorgeheizten Ofen 12–15 Minuten backen. In der Form ein bis zwei Minuten ruhen lassen, dann auf einen Bogen Antihaft-Backpapier stürzen, das vorher leicht mit extrafeinem Zucker bestreut wurde. Das Backpapier, mit dem die Backform ausgekleidet war, vom Biskuitteig abziehen, wieder auf den Biskuit legen und die Form ebenfalls wieder darüber stülpen. Mindestens 10 Minuten ruhen lassen.

4 Für die Aprikosenfüllung die Gelatine mit 2 Esslöffeln Wasser in eine Tasse geben und quellen lassen. Die Tasse in heißes Wasser stellen und stehen lassen, bis sich die Gelatine aufgelöst hat.

5 Die Aprikosen mit dem restlichen Wasser in eine Kasserolle geben und bei geschlossenem Deckel köcheln lassen, bis sie weich sind und das Wasser verdampft ist. Die Aprikosen mit der Gelatine in einer Küchenmaschine oder einem Mixer pürieren, die Schlagsahne hinzufügen und erneut pürieren, bis alles vermischt ist.

FERTIGSTELLUNG DES DESSERTS

1 Den Biskuit halbieren (Seite 50). Die obere Lage vorsichtig abheben und auf einen Bogen Antihaft-Backpapier setzen. Die Schnittflächen beider Lagen dünn mit der Aprikosenfüllung bestreichen. Beide Lagen nun von der längeren Seite her fest aufrollen und in Antihaft-Backpapier wickeln. Für einige Stunden in den Gefrierschrank legen oder so lange, bis die Biskuitrolle sehr fest ist.

2 Die gefrorene Rolle mit einem scharfen Messer in 5 mm dünne Scheiben schneiden und die vorbereitete Charlottenform damit auslegen. Die Scheiben ganz eng aneinander legen und so zusammendrücken, dass keine Lücken zwischen den Scheiben zurückbleiben. Die ausgelegte Form und die noch nicht verwendeten Scheiben Biskuitrolle beiseite stellen.

3 Für die weiße Schokoladenmousse die Schokolade mit dem Wasser zusammen schmelzen (Seite 34). Abkühlen lassen. Die Sahne schlagen, bis sie weiche Spitzen bildet. In 3 Portionen unter die abgekühlte Schokolade heben. Ist die Masse körnig oder schwierig zu rühren, etwas Milch zugeben.

4 Die Mousse in die mit Biskuit ausgelegte Form geben. Mit den restlichen Biskuitscheiben bedecken. Die Folie fest über die Form spannen, um die Charlotte zusammenzupressen. Das Dessert vor dem Servieren mindestens 4 Stunden kühl stellen.

Backtemperatur
200 °C/Gas Stufe 3–4

Backzeit
12–15 Minuten

Backformen
Rechteckige Backform oder Vario-Backblech (31 × 24 cm), mit Antihaft-Backpapier ausgelegt; Charlotte- oder Pudding-Form (2 l Inhalt), mit Frischhaltefolie ausgekleidet, am Rand überlappen lassen

Ergibt
14–18 Portionen

Haltbarkeit
Im Kühlschrank 2 Tage lang haltbar

Einfrieren
2 Monate

Eiscreme

Eis zählt schon seit Jahrhunderten zu den großen Leidenschaften Italiens. Von dort brachten es im 16. Jahrhundert die Köche der Katharina de Medici an den französischen Hof. Im 17. Jahrhundert wurde Eis auch in England bekannt, was das Verdienst italienischer Küchenchefs war, die außerdem Cafés in Paris aufmachten, in denen sie bald Eiscreme verkauften. Aus Frankreich gelangten Rezepte für Eiscreme auch nach Deutschland, wo man ihnen aber zunächst eher mit Misstrauen begegnete. Inzwischen gehört Eiscreme zu den Dingen, die das Leben angenehm versüßen. Das gilt besonders dann, wenn man sie aus cremiger Sahne, frischen Eiern und Milch selbst zubereitet.

Schoko-Krokant-Eiscreme

Dieses köstliche Schokoladeneis, das sich im Gefrierschrank hervorragend aufbewahren lässt, erhält seine zusätzliche kernige Komponente durch Mandelkrokant. Bevorzugen Sie eine zartere Konsistenz, lassen Sie einfach den Mandelkrokant weg.

ZUTATEN

100 g Krokant (Seite 51)
Für die Eiscreme
180 g dunkle Schokolade
450 ml Milch
5 Eigelb
125 g extrafeiner Zucker
300 ml Schlagsahne, halbfest geschlagen

1 Mandelkrokant nach der Anleitung auf Seite 51 zubereiten. Den Krokant bis zur weiteren Verwendung beiseite stellen.

Die Schokolade schmelzen (Seite 33) und abkühlen lassen.

2 Die Milch in einer Kasserolle bis knapp an den Siedepunkt erhitzen. Das Eigelb mit dem Zucker in eine Schüssel geben und weißschaumig aufschlagen, anschließend die heiße Milch unterschlagen.

3 Die Masse wieder in die Kasserolle geben und bei niedriger Temperatur mit einem hölzernen Kochlöffel weiterrühren, bis die Creme so eingedickt ist, dass sie auf der Rückseite des Kochlöffels einen deckenden Überzug hinterlässt und eine Spur sichtbar bleibt, wenn man mit dem Finger durch die Creme (auf dem Löffel) fährt. Unbedingt darauf achten, dass die Masse nicht einmal leicht köchelt, da sie sonst gerinnt.

4 Die Schokolade unter die Creme rühren, Die Schokocreme durch ein Sieb in eine Schüssel streichen und kühl stellen. Ist die Masse gut durchgekühlt, die geschlagene Sahne unterziehen. In einer Eismaschine nach Anleitung oder in einer Dose im Gefrierschrank etwa 3 Stunden gefrieren lassen. Dann die Eiscreme in der Dose kräftig durchrühren und 100 g Krokant unterziehen. Für weitere 3 Stunden zurück in den Gefrierschrank stellen.

SERVIEREN DER EISCREME

Besonders edel wirkt die Schoko-Krokant-Eiscreme, wenn sie zu Kugeln geformt in dunklen Schokoladenkörbchen (Seite 44) serviert und mit Ornamenten aus Spritzglasur (Seite 46) garniert wird. Nach Belieben die Ornamente aus Spritzglasur mit kleinen Sprenkeln von essbarem Blattgold schmücken.

 Ergibt
1 Liter;
6–8 Portionen

 Einfrieren
2–3 Monate

Aus geschmolzener Schokolade kann man die schönsten Dekorationen herstellen.

Besonders effektvoll gelingt
die Dekoration aus Spritzglasur, wenn winzige Stückchen von essbarem Blattgold
hinzugefügt werden.

SCHOKO-KROKANT-EISCREME
Diese Eiscreme der Luxusklasse basiert auf
einer Eiercreme. Auch solo serviert ist sie
ein himmlischer Genuss; bei der Präsentation
und Dekoration sind der Phantasie jedoch
keinerlei Grenzen gesetzt.

Durch filigrane Muster
aus Schokolade wird
aus der Eiscreme ein
elegantes Dessert.

Eiskugeln im Schokomantel

Nach diesem Rezept lässt sich auch aus den in der Tiefkühltruhe ruhenden Eisvorräten ein attraktives neues Dessert kreieren.

ZUTATEN

1 Menge Schoko-Krokant-Eiscreme (Rezept Seite 118) oder

1 Menge Weißes Schokoladeneis (Rezept unten)

oder beide Sorten gemischt

250 g dunkle Kuvertüre oder Schokolade

1 Das vorbereitete Backblech für 10 Minuten in den Gefrierschrank stellen. Mit einem Eiskugelportionierer von der Eiscreme kleine Kugeln abstechen und auf das kalte Backblech setzen. Die Menge sollte für 24–30 Kugeln reichen.

2 Das Blech wieder in den Gefrierschrank stellen, bis die Kugeln ganz hart gefroren sind. Das dauert ungefähr 2–3 Stunden.

3 Die Hälfte der Schokolade schmelzen (Seite 33). Abkühlen lassen, bis sie nur noch lauwarm ist. Die Hälfte der Kugeln einzeln in der Schokolade rollen. Wieder auf das Blech setzen und schnellstmöglich in den Gefrierschrank zurückstellen.

4 Den Vorgang mit der anderen Hälfte der Schokolade und der Eiskugeln wiederholen, dabei die Schokolade noch einmal schmelzen, wenn sie zwischendurch zu erstarren beginnt. Am Tag der Zubereitung servieren.

 Zubehör
Flaches Backblech, mit Antihaft-Backpapier ausgelegt

 Ergibt
8 Portionen

Weißes Schokoladeneis

Diese Eiscreme ist herrlich cremig. Serviert im Schokoladenkörbchen (Seite 44) und garniert mit Schokoladenornamenten aus Spritzglasur (Seite 46) legt sie als gelungener Abschluss eines Menüs alle Ehre ein.

ZUTATEN

375 g weiße Schokolade

800 ml Milch

180 g Kristallzucker

3 Eier

1 Die Schokolade mit 6 Esslöffeln Milch schmelzen (Seite 34) und beiseite stellen. Den Rest der Milch in eine schwere Kasserolle gießen, die Hälfte des Zuckers dazugeben und langsam zum Kochen bringen.

2 In der Zwischenzeit die Eier mit dem übrigen Zucker aufschlagen, bis die Masse hell und dickflüssig ist. Die Milch, sobald sie kocht, in langsamem, regelmäßigem Strahl unter ständigem Rühren über die Eimasse gießen. Zurück in die Kasserolle geben und langsam bei niedriger Temperatur

mit einem Kochlöffel aus Holz umrühren, bis die Creme so eingedickt ist, dass sie auf der Rückseite des Kochlöffels einen deckenden Überzug hinterlässt und eine Spur sichtbar bleibt, wenn man mit dem Finger durch die Creme (auf dem Löffel) fährt. Unbedingt darauf achten, dass die Masse nicht einmal leicht köchelt, da sie sonst gerinnt.

3 Die Kasserolle vom Herd nehmen und die Schokolade einrühren. Die Masse im Eiswasserbad abkühlen lassen.

4 Die kalte Masse in einer Eismaschine nach Anleitung oder in einer Dose im Gefrierschrank gefrieren lassen. Hierfür nach etwa 3 Stunden das Eis in der Dose mit dem elektrischen Handrührgerät durchschlagen. Zurückstellen und nach weiteren 3 Stunden erneut durchschlagen. Bis zum Verzehr im Gefrierschrank aufbewahren.

 Ergibt
8–10 Portionen

 Einfrieren
2–3 Monate

Schokoladensorbet

Dieses Schokoladensorbet – mehr Eis als Eiscreme – schmeckt besonders gut mit süßem Kleingebäck wie den Schoko-Haselnuss-Waffeln (Seite 89).

ZUTATEN

500 ml Wasser

125 g Kristallzucker

60 g Kakaopulver

60 g dunkle Schokolade (Kakaoanteil mindestens 70%), zerkleinert (Seite 32)

1 Alle Zutaten in eine Kasserolle geben und zum Kochen bringen, ab und zu umrühren. Vom Herd nehmen und abkühlen lassen.

2 Die Masse in einer Eismaschine nach Anleitung oder im Gefrierschrank etwa 3 Stunden gefrieren lassen, bis sie vollständig durchgefroren ist.

3 Das Sorbet aus dem Gefrierschrank nehmen, in Stücke hacken und in die gekühlte Rührschüssel der Küchenmaschine geben. Durcharbeiten, bis eine glatte Masse entstanden ist. Zurück in den Gefrierschrank stellen und vor dem Servieren nochmals mindestens 2 Stunden gefrieren lassen.

 Ergibt
6–8 Portionen

 Einfrieren
2–3 Monate

Schokoladen-Halbgefrorenes

Ein großzügiger Schuss Kaffeelikör wie beispielsweise Tia Maria, Kahlúa oder Creme de Café verleiht diesem locker-leichten Schokoladeneis einen exotischen Touch.

ZUTATEN

350 ml Schlagsahne

125 g Puderzucker

4 Eiweiß

100 g dunkle Schokolade (Kakaoanteil mindestens 70%), gerieben

3 EL Kaffeelikör

1 Die Sahne mit der Hälfte des Zuckers schlagen, bis sich weiche Spitzen bilden. Das Eiweiß steif schlagen, dann den restlichen Zucker dazugeben und einige Sekunden weiterschlagen, bis der Eischnee dick und glänzend ist.

2 Den Eischnee unter die Sahne heben, danach die Schokolade und den Likör unterziehen.

3 Die Masse in die vorbereitete Form geben und mit einer Palette glatt streichen. Abgedeckt mindestens 8 Stunden gefrieren lassen. Zwischendurch ein- bis zweimal kräftig durchrühren.

4 Zum Servieren das Halbgefrorene mit Hilfe der überlappenden Folie aus der Form heben. Die Frischhaltefolie abziehen, das Halbgefrorene in Scheiben schneiden und auf Desserttellern verteilen.

 Zubehör
Kastenform (1 l Inhalt), mit Frischhaltefolie ausgekleidet, am Rand überlappen lassen

 Ergibt
8 Portionen

 Einfrieren
2 Monate

 Achtung!
Bei dieser Zubereitung wird rohes Eiweiß verwendet (Anmerkungen, Seite 9).

Eisbombe »Maracuja Surprise«

Eine Eisbombe ist immer etwas besonders Eindrucksvolles – diese überrascht zusätzlich mit einer köstlichen Maracuja-Eiscreme.

ZUTATEN

Saft einer Zitrone

125 ml Orangensaft

1 TL gemahlene Gelatine

2 Eiweiß

$^1/_4$ TL Weinstein

180 g extrafeiner Zucker

8 Maracujas (Passionsfrüchte)

300 ml Schlagsahne

200 g dunkle Schokolade

1 Den frisch gepressten Zitronensaft durch ein Sieb in einen Messbecher abgießen. Mit Orangensaft auf 125 ml auffüllen. Die Gelatine in den Saft streuen und quellen lassen.

2 Das Eiweiß mit dem Weinstein steif schlagen.

3 Die Gelatinemasse in eine Kasserolle geben, den Zucker hinzufügen und die Mischung behutsam erhitzen, bis sich alles aufgelöst hat. Die Temperatur erhöhen und unter gelegentlichem Rühren 3 Minuten sprudelnd kochen lassen. Die Masse in dünnem Strahl in den steifen Eischnee gießen, dabei schnell und kräftig schlagen. Einige Minuten lang weiterschlagen, bis die Masse abgekühlt und eingedickt ist.

4 Die Maracujas halbieren, aushöhlen und das Fruchtfleisch in den Mixer geben. 45 Sekunden pürieren, um das Fruchtfleisch von den Samen zu lösen.

Durch ein Sieb in eine Schüssel streichen, dabei so viel Saft und Fruchtfleisch wie möglich durch das Sieb drücken.

5 Die Sahne halbfest schlagen. Maracujasaft und -fruchtfleisch unterziehen. Mit einem großen Metalllöffel behutsam die Maracujasahne unter die Eiweißmasse heben.

6 Die Creme in die Eisbombenform umfüllen; an den Seiten hochstreichen und in der Mitte eine flache Mulde lassen. Die Maracujacreme im Gefrierschrank mindestens 5 Stunden gefrieren lassen.

7 Ist die Eiscreme bereits fest gefroren, die Schokolade grob raspeln (Seite 42).

8 Die Eisbombe in der Mitte aushöhlen und die auf diese Weise herausgeschabte Eiscreme beiseite stellen. Die Eisbombe mit der geraspelten Schokolade füllen. Die beiseite gestellte Eiscreme glatt rühren, damit sie weich wird, und über die Schokolade streichen. Die Eisbombe für mindestens eine Stunde zurück in den Gefrierschrank stellen.

9 Die Eisbombenform kurz in sehr heißes Wasser tauchen, die Ränder mit einer dünnen Palette vorsichtig lockern und die Eisbombe auf eine Servierplatte stürzen. Sofort servieren oder bis zum Servieren noch kurz in den Kühlschrank stellen.

 Zubehör
Eisbombenform oder Schüssel aus Metall (1,2 l Inhalt)

 Ergibt
8 Portionen

 Einfrieren
2 Monate

Pralinen & Konfekt

Schon die Römer und andere frühe Kulturvölker bereiteten Süßwaren aus Fruchtsäften und Honig zu. In Europa kam die Verwendung von Zucker erst nach den Kreuzzügen langsam in Mode, wobei in Frankreich bereits im 15. Jahrhundert kandierte Früchte und Zuckermandeln, aromatisiert mit Moschus und Amber, hergestellt wurden.

Die Entdeckung des Zuckerrübensaftes, die Entwicklung der geeigneten Verarbeitungsmaschinen im 19. Jahrhundert und die Methode des Conchierens zur Herstellung cremiger, zum Verzehr geeigneter Schokolade trugen gemeinsam dazu bei, dass wir heute Pralinen aus Schokolade genießen können.

Armagnac-Pflaumen-Trüffeln

In Armagnac getränkte Backpflaumen und dunkle Schokolade befinden sich im Innern dieser edlen, schokoladenumhüllten Trüffeln. Sie eignen sich übrigens auch hervorragend als Geschenk.

ZUTATEN

250 g weiche Backpflaumen
100 ml Armagnac
250 g dunkle Schokolade
250 ml Schlagsahne
60 g Butter

Pralinenüberzug und Dekoration

425 g bittere Schokoladenkuvertüre oder 425 g dunkle Schokolade mit 1 EL Erdnuss- oder Sonnenblumenöl
60 g dunkle Schokolade
60 g weiße Schokolade

1 Die Backpflaumen mit dem Armagnac in eine Schüssel geben und mindestens 5 Tage lang marinieren lassen, damit die Backpflaumen sich vollsaugen und das Aroma des Armagnac aufnehmen können.

2 Die Schokolade mit der Sahne und der Butter zusammen schmelzen (Seite 34). Vom Herd nehmen und abkühlen lassen.

3 Die Pflaumen durch ein Sieb abgießen, dabei noch vorhandene Flüssigkeit auffangen.

Eine Auswahl der in diesem Kapitel vertretenen Trüffeln in einem selbst gemachten Kästchen aus marmorierter Schokolade (Seiten 45 und 47)

Die Pflaumen entsteinen und in erbsengroße Stücke schneiden. Diese in die Schokoladenmasse einrühren, 2 Esslöffel der Einweichflüssigkeit hinzufügen. Mit Frischhaltefolie abdecken und 24 Stunden kühl stellen.

4 Mit einem Teelöffel kleine Nocken von der Pralinenmasse abstechen und zwischen den Handflächen zu Kugeln rollen. Die Armagnac-Kugeln sodann auf eines der vorbereiteten Backbleche setzen und vor dem Überziehen mit Kuvertüre mindestens eine Stunde kühlen.

5 Zum Überziehen der Trüffeln die Kuvertüre temperieren (Seite 35) oder – falls gewöhnliche dunkle Schokolade verwendet wird – diese mit dem Öl zusammen schmelzen (Seite 34). Die Kuvertüre sollte zum Überziehen der Pralinen eine Temperatur von 31–32 °C haben.

6 Immer nur ein paar Pralinenkugeln aus dem Kühlschrank nehmen und diese schnell weiterverarbeiten. Dazu eine Kugel in die Kuvertüre setzen und mit einer Gabel auf alle Seiten wenden, damit die Praline überall von Schokolade umhüllt ist. Mit der Gabel wieder herausholen, diese dabei am Topfrand abstreifen, um überschüssige Schokolade zurückfließen zu lassen. Die Pralinenkugel vorsichtig auf das andere vorbereitete Backblech setzen.

7 Die Schokoladensorten für die Dekoration getrennt schmelzen (Seite 33), jeweils in eine Spritztüte aus Papier füllen und die Trüffeln mit dekorativen Linien verzieren. Eine passende Dekoration sind auch Walnussstücke.

Zubehör
Zwei flache Backbleche, mit Antihaft-Backpapier ausgelegt

Ergibt
Etwa 1 kg Pralinen

Haltbarkeit
Im Kühlschrank 2 Wochen haltbar

Vorbereitung
Die Backpflaumen 5 Tage vor der geplanten Zubereitung in Armagnac einlegen.

Weiße Trüffel
(Seite 125) mit
Kuvertüreüberzug

SCHOKOLADENTRÜFFELN
*Aus der Grundmasse der Trüffeln entsteht
eine verführerische Vielfalt der unwiderstehlichsten Leckereien. Man kann die Masse
zu Kugeln rollen oder in hübsche Formen
spritzen, mit einem glänzenden Überzug aus Schokolade oder anderen
süßen Sachen versehen.*

Armagnac-
Pflaumen-Trüffel
(links)

Trüffel
(Seite 124), in ein
Pralinenförmchen
gespritzt

Trüffeln

*T*rüffeln sind ganz einfach herzustellen, man braucht dazu nur die beste Schokolade, die man finden kann. Sie können die Trüffeln mit Ihrem Lieblingslikör parfümieren, und statt des hier vorgeschlagenen Krokants könnten Sie unter einige der Trüffeln kandierte Orangenschale oder klein geschnittene glasierte Maronen (Marrons glacés) mischen. Geschmacklich ungewöhnliche Trüffeln entstehen, wenn Sie bereits aromatisierte Tafelschokolade – beispielsweise mit Gewürzen wie Koriander und Zimt – für die Pralinenzubereitung verwenden.

ZUTATEN

200 ml Schlagsahne

30 g Butter

250 g dunkle Schokolade (Kakaoanteil mindestens 70%), in Stücke gebrochen

250 g dunkle Schokolade, in Stücke gebrochen

2 EL Rum, Cognac oder Likör nach Wahl (nach Belieben)

30 g Krokant (Seite 51)

Für den Überzug

4 EL Kakaopulver mit 1 EL Puderzucker vermischt, gesiebt

Schokoladenstreusel

Krokant (Seite 51)

1 Die Schlagsahne mit der Butter in einer schweren Kasserolle erhitzen, bis sie sprudelnd kocht. Vom Herd nehmen, beide Schokoladensorten dazugeben und rühren, bis alles gut vermischt ist.

2 Falls gewünscht, den Alkohol zugeben. Danach die Masse in die vorbereitete Form gießen und mit einer Palette glatt streichen. An einem kühlen Ort 24 Stunden lang offen stehen lassen, damit die Trüffelmasse fest werden kann.

3 Zur Herstellung der Trüffeln murmelgroße Stücke von der Masse abstechen und zwischen den Handflächen zu Kugeln rollen. Nach Belieben Krokant unter einige Trüffeln mischen.

ÜBERZIEHEN DER TRÜFFELN

1 Die gewünschten Zutaten bereitstellen. Das Kakaopulver mit dem Puderzucker auf fettdichtes oder Antihaft-Backpapier sieben; die anderen Zutaten zum Überziehen auf flache Teller streuen.

2 In jeder der Überzugszutaten ein paar Trüffeln rollen, am besten für jede Trüffelsorte einen anderen Überzug wählen.

GESPRITZTE TRÜFFELN

Man kann Trüffeln auch in ganz anderer Form servieren, nämlich in Pralinenhütchen aus Stanniol gespritzt, die zuvor auf der Innenseite mit geschmolzener Schokolade bepinselt werden. Dazu die noch cremige Trüffelmasse in einen Spritzbeutel aus Nylon mit kleiner Sterntülle füllen und in die Stanniolhütchen spritzen. Die Masse ganz fest werden lassen und die Stanniolhütchen vorsichtig abziehen.

 Zubehör
Flache Kuchen- oder Auflaufform, mit Antihaft-Backpapier ausgekleidet; Pralinenhütchen aus Stanniol (nach Wunsch)

 Ergibt
Etwa 625 g

 Haltbarkeit
Im Kühlschrank in einem geschlossenen Behälter zwischen Lagen von Backpapier 2 Wochen lang haltbar

Überziehen der Trüffeln mit Schokolade

1 Murmelgroße Stücke von der Trüffelmasse abstechen und zwischen den Handflächen zu Kugeln rollen. Die Hände sollten kühl und trocken sein.

2 Um eine Trüffel mit Schokolade zu überziehen, die Kugel mit einer Gabel in die Schokolade senken. Wieder herausheben, dabei die Gabel am Schüsselrand abstreifen.

3 Die mit Schokolade überzogenen Trüffeln zum Festwerden in ausreichendem Abstand auf ein Stück Antihaft-Backpapier setzen.

Weiße Trüffeln

Weiße Trüffeln besitzen einen einzigartig cremigen Geschmack. Soll ihre helle Farbe erhalten bleiben, die weißen Trüffeln anstatt mit dem hier vorgeschlagenen Kakaopulver mit weißer Kuvertüre überziehen oder in fein geraspelter weißer Schokolade rollen.

ZUTATEN

180 g weiße Schokolade, in Stücke gebrochen

75 g Butter, in Würfel geschnitten

3 EL Schlagsahne

1 Prise Salz

1/2 TL Orangenlikör

2 EL Kakaopulver, gesiebt, zum Überziehen der Trüffeln

1 Die Schokolade mit der Butter, der Schlagsahne und dem Salz zusammen schmelzen (Seite 34). Vom Herd nehmen und abkühlen lassen. Nach dem Abkühlen den Likör unterrühren. Die Schokoladenmasse abdecken und zum Festwerden etwa 2 Stunden in den Kühlschrank stellen.

2 Murmelgroße Stücke von der gekühlten Trüffelmasse abstechen und zwischen den Handflächen zu Kugeln rollen. Wird die Masse zu weich, zurück in den Kühlschrank stellen und noch etwas kühlen.

3 Das gesiebte Kakaopulver auf ein Stück fettdichtes Papier streuen und die Trüffeln darin wälzen, so dass sie ringsum gleichmäßig von Kakaopulver umhüllt sind.

 Ergibt
Etwa 30 Stück

 Haltbarkeit
Im Kühlschrank in einem geschlossenen Behälter zwischen Lagen von Backpapier 2 Wochen lang haltbar

Nüsse im Schokomantel

Schokolade und Nüsse lassen sich wunderbar kombinieren. Pekannüsse, Mandeln und Walnüsse schmecken besonders gut, wenn man sie erst karamellisiert und danach mit Schokolade überzieht. Wie man das macht, erfahren Sie am Ende des Rezepts.

ZUTATEN

750 g Kuvertüre oder 750 g dunkle Schokolade mit 1 EL Sonnenblumen- oder Erdnussöl

375 g geröstete und geschälte Haselnüsse (Seite 39) oder Macadamianüsse

1 Die Kuvertüre temperieren (Seite 35) oder die dunkle Schokolade mit dem Öl zusammen schmelzen (Seite 34). Das beste Ergebnis erhält man, wenn die Kuvertüre zum Überziehen eine Temperatur von 31–32 °C hat.

2 Eine große Spritztüte aus Papier herstellen (Seite 46) und mit einem Teil der geschmolzenen Schokolade füllen. Die Spitze der Papiertüte abschneiden und 40 Schokoladentropfen von der Größe eines halben Teelöffels auf eines der vorbereiteten Backbleche spritzen.

3 Immer drei Nüsse im Dreieck in einen der Schokoladentropfen drücken und erstarren lassen. Sind die Nüsse zu groß, können sie halbiert werden.

4 Die restliche Schokolade, wenn nötig, erneut schmelzen. Die Nussdreiecke mit Hilfe einer Gabel in die Schokolade senken. Wieder herausheben, dabei die Gabel am Schüsselrand abstreifen, damit überschüssige Schokolade in die Schüssel zurückfließen kann.

5 Die Nussdreiecke zum Trocknen auf das zweite vorbereitete Backblech setzen.

HINWEIS

Zum Karamellisieren der Nüsse 250 g Zucker in einer schweren Kasserolle unter ständigem Rühren erhitzen, bis er sich hellbraun färbt. Die Kasserolle vom Herd nehmen und die Nüsse einzeln mit einer Gabel in den heißen Sirup tauchen.
Zum Festwerden auf ein leicht geöltes Backblech legen.
Wird der Karamell zu dickflüssig, bei sehr niedriger Temperatur erneut erwärmen. Vor der Weiterverwendung müssen die Nüsse vollständig abgekühlt sein.

 Zubehör
Zwei flache Backbleche, mit Antihaft-Backpapier ausgelegt

 Ergibt
Etwa 40 Stück

 Haltbarkeit
Im Kühlschrank in einem luftdichten Behälter 2 Wochen lang haltbar

Panforte di Siena

*P*anforte – auf Deutsch »hartes Brot« – ist in Wirklichkeit eher süß und außerdem etwas ganz Besonderes, besteht es doch aus lauter guten Sachen: aus vielen Nüssen, Honig, kandierter Zitrusschale und Gewürzen. In Siena türmen sich in den Schaufenstern zahlreicher Geschäfte die wunderschön eingewickelten Panfortescheiben. Der Panforte ist lange haltbar und gut geeignet als Geschenk, besonders wenn er in Papier mit florentinischem Muster eingepackt wird.

ZUTATEN

125 g kandierte Orangenschale (Orangeat) und Zitronenschale (Zitronat), gehackt
2 EL Weinbrand
125 g unblanchierte Mandeln
125 g unblanchierte Haselnüsse
125 g Weizenmehl
2 EL Kakaopulver
2 TL gemahlener Zimt
$^1/_2$ TL gemahlener Koriander
$^1/_2$ TL gemahlener Piment
150 g Kristallzucker
150 ml dunkler, flüssiger Honig
1 EL Puderzucker, mit $^1/_2$ TL Zimt vermischt

1 Die kandierten Zitrusschalen mit dem Weinbrand in eine Rührschüssel geben und ziehen lassen.

2 Wasser in einer kleinen Kasserolle zum Kochen bringen. Die Mandeln hinzufügen und erneut zum Kochen bringen. Eine Mandel herausnehmen und durch Zusammendrücken prüfen, ob sie sich leicht schälen lässt. Wenn ja, die Mandeln abschütten und schälen. Wenn nicht, noch eine Minute länger kochen und dann schälen.

3 Die Mandeln und die Haselnüsse jeweils in eine flache Backform geben und im vorgeheizten Ofen bei 180 °C/Gas Stufe 2–3 etwa 8 Minuten rösten. Die Formen gelegentlich schütteln, damit die Nüsse und Mandeln gleichmäßig geröstet werden. Anschließend aus dem Ofen nehmen; die Temperatur auf 140 °C/Gas Stufe $^1/_2$–1 zurückschalten. Die Haselnüsse mit einem Geschirrtuch abreiben, um die Häute zu entfernen.

4 Die Haselnüsse und die Mandeln in sehr grobe Stücke hacken und mit der Zitrusschale vermischen. Das Mehl mit dem Kakaopulver und den Gewürzen mischen, sieben und unter die Zitrusschale rühren.

5 Den Zucker mit dem Honig in eine kleine, schwere Kasserolle geben. Bei niedriger Temperatur rühren, bis der Sirup kocht, dann ohne Rühren weiterkochen, bis der Sirup auf einem Zuckerthermometer eine Temperatur von 125 °C (man nennt dieses Stadium »kleiner Bruch«) erreicht hat.

6 Den heißen Sirup über die Nuss-Zitrusschalen-Mischung gießen und alles gut vermischen. Die Masse in die vorbereitete Backform geben, glatt streichen und 40 Minuten backen. Danach aus dem Ofen nehmen und auf einem Gitterrost abkühlen lassen.

7 Wenn der Panforte teilweise abgekühlt ist, mit dem Puderzucker und dem Zimt bestreuen. Nach dem vollständigen Abkühlen das Gebäck aus der Form nehmen und zum Festwerden mehrere Tage lang an einem kühlen Ort stehen lassen. Der Panforte sollte weich sein, aber noch fest genug, um flach und schnittfest zu bleiben.

 Backtemperatur
180 °C/Gas Stufe 2–3; dann 140 °C/Gas Stufe 1

 Backzeit
40 Minuten

 Backform
Runde, flache Backform (20 cm Durchmesser), eingefettet und mit Antihaft-Backpapier ausgekleidet

 Ergibt
Eine Scheibe von 20 cm Durchmesser

 Haltbarkeit
In Folie gewickelt und in einem luftdichten Behälter aufbewahrt 4 Monate lang haltbar

Rocky Road

*K*inder lieben diese amerikanische Süßigkeit, die aus Milchschokolade, Nüssen und Marshmallows besteht. Die Leckerei – auf Deutsch bedeutet ihr Name »steiniger Weg« – ist nach ihrer unebenen Oberfläche benannt.

ZUTATEN

12 Marshmallows
100 g Walnüsse oder Pekannüsse
500 g Milchschokolade, zerkleinert (Seite 32)

1 Die Marshmallows würfeln und die Nüsse grob hacken. Die Schokolade langsam im Wasserbad schmelzen (Seite 33).

2 Die Marshmallow-Würfel und die Walnüsse oder Pekannüsse in die Schokolade rühren, dann die Schokoladenmasse auf das vorbereitete Backblech gießen. Mit einer leicht eingeölten Palette glatt streichen, dabei alle Nüsse und Marshmallows mit der Schokolade bedecken.

3 Die Schokoladenmasse 1–1$^1/_2$ Stunden im Kühlschrank fest werden lassen, dann herausnehmen und in kleine Stücke brechen.

VARIANTE

Die Marshmallows und die Nüsse durch 125 g Bananenchips ersetzen. Die Bananenvariante wie oben beschrieben zubereiten.

 Zubehör
Flaches Backblech, mit Antihaft-Backpapier ausgelegt

 Ergibt
Etwa 625 g

 Haltbarkeit
Im Kühlschrank 2 Wochen lang haltbar

Knusperkaramellen mit Schokolade

Als Teenager lebte ich in New York City, dort gab es zu der Zeit eine Confiserie-Ladenkette mit Namen Loft's, die wunderbare Karamell-ecken herstellte. Jahre später fand ich hocherfreut heraus, dass ich genau diese Köstlich-keit selbst zubereiten kann.

ZUTATEN

250 g unblanchierte Mandeln
250 g Kristallzucker
4 EL Wasser
250 g Butter, in kleine Stücke geschnitten
1 EL Zitronensaft
250 g dunkle Schokolade

1 Ein Drittel der Mandeln in einer Küchenmaschine fein hacken und beiseite stellen. Die restlichen zwei Drittel grob hacken.

2 Den Zucker mit dem Wasser in eine schwere Kasserolle geben und bei niedriger Temperatur umrühren, bis sich der Zucker fast aufgelöst hat. Die Butter hinzufügen und gründlich vermischen.

3 Die grob gehackten Mandeln hinzufügen und bei mäßiger Temperatur unter gelegentlichem Rühren mit einem Holzlöffel erhitzen, bis die Masse auf einem Zuckerthermometer eine Temperatur von 150 °C (dieses Stadium nennt man »großer Bruch«) erreicht hat.

4 Der Sirup sollte die Farbe von Karamell annehmen; in diesem Kochstadium muss man jedoch unbedingt darauf achten, dass er nicht anhängt oder verbrennt.

5 Hat der Sirup die richtige Temperatur erreicht, vom Herd nehmen, den Zitronensaft einrühren und die Masse schnell in die vorbereitete Form gießen.

6 Bevor die Masse erstarrt ist, aus der Form nehmen und mit einem scharfen Messer die Oberfläche in Quadrate (4 cm groß) einteilen. Nach dem vollständigen Erstarren vorsichtig das Antihaft-Backpapier von der Unterseite abziehen und die Karamellen in die markierten Quadrate schneiden oder brechen.

7 Die Schokolade schmelzen (Seite 33). Die zurückbehaltenen fein gehackten Mandeln auf einem Bogen fettdichtem Papier verteilen. Jeweils die Oberseite der Karamellquadrate mit der Schokolade bestreichen, dann die bestrichene Seite in die Mandeln drücken. Mit der Unterseite der Quadrate anschließend genauso verfahren.

8 Die Schokolade vollständig fest werden lassen, bevor die Knusperkaramellen zur Aufbewahrung zwischen Lagen von fettdichtem oder Antihaft-Backpapier in einen luftdichten Behälter gesetzt werden.

Zubehör
Quadratische Backform (20 cm), mit Antihaft-Backpapier ausgekleidet

Ergibt
Etwa 800 g

Haltbarkeit
In einem luftdichten Behälter 2 Wochen lang haltbar

Schoko-Pomelo-Konfekt

Die Pomelo (auch Pampelmuse genannt) ist die größte Zitrusfrucht. Ihre dicke Schale eignet sich besonders gut zum Kandieren. Sie besitzt einen intensiven Geschmack und wirkt nach dem Kandieren transparent, was ihr ein dekoratives Aussehen verleiht.

ZUTATEN

2 Pomelos oder Grapefruits oder 3 große Orangen, unbehandelt
1 l Wasser
500 g extrafeiner oder Kristallzucker
180 g dunkle Schokolade

1 Die Früchte waschen und abtrocknen. Mit einem kleinen, scharfen Messer die Schale der jeweiligen Frucht von oben bis unten durchgehend einschneiden, als ob man die Frucht vierteln wollte. Die vier Teile der Schale ohne die weiße Schicht so von der Frucht abziehen, wie man eine Banane schält. Die Schalenstücke in eine Kasserolle legen, mit einer großen Menge kochendem Wasser bedecken und 10 Minuten simmern lassen. Abgießen, mit kaltem Wasser bedecken und erneut zum Köcheln bringen. Diesen Vorgang so oft wiederholen, bis der bittere Zitrusgeschmack auf das erwünschte Maß reduziert ist.

2 Den Zucker bei niedriger Temperatur in dem Wasser auflösen, die Schale hineingeben und 1 1/2 Stunden lang leise köcheln lassen, bis die Schale weich ist. Aus dem Sirup nehmen und zum Abtropfen zuerst in ein Sieb geben, dann auf Papier setzen, bis die Schale abgekühlt ist.

3 Die Schokolade schmelzen (Seite 33). Die Schalenstücke in Stäbchen schneiden, diese einzeln auf hölzerne Zahnstocher spießen und ganz oder nur zur Hälfte in die Schokolade tauchen. Die Zahnstocher mit dem anderen Ende in eine Kartoffel stecken, bis die Schokolade fest geworden ist.

Ergibt
500 g

Haltbarkeit
In einem luftdichten Behälter 3 Wochen lang haltbar

Pfefferminz-Fondants

Eine beliebte Näscherei nach dem Essen anstelle eines Desserts. Pfefferminzöl, das man übrigens in der Apotheke kaufen kann, ist qualitativ und geschmacklich sehr viel hochwertiger als Pfefferminz-Aroma.

ZUTATEN

375 g Kristallzucker

125 ml Wasser

1 TL Zitronensaft

6–8 Tropfen Pfefferminzöl

Dunkle Schokolade zum Überziehen (Armagnac-Pflaumen-Trüffeln, Seite 122)

1 Den Zucker mit dem Wasser und dem Zitronensaft in eine schwere Kasserolle geben. Den Zucker bei mäßiger Temperatur unter vorsichtigem Rühren auflösen. Die Innenwände der Kasserolle mit Hilfe eines zuvor in Wasser getauchten Backpinsels von Zuckerkörnchen befreien.

2 Den Sirup aufkochen, bis er auf einem Zuckerthermometer eine Temperatur von 115 °C erreicht (man nennt dieses Stadium »kleiner Ballen«). Vom Herd nehmen und das Pfefferminzöl hinzufügen.

3 Die Masse auf eine feuchte Arbeitsfläche gießen. Einige Minuten abkühlen lassen, dann mit einem feuchten Metallspachtel durcharbeiten, dabei mit dem Spachtel Bewegungen in Form einer Acht ausführen. Damit etwa 10 Minuten lang fortfahren, bis die Masse matt und hart zu werden beginnt. Ist sie immer noch relativ weich, weitere 30 Minuten stehen lassen.

4 Von dem Fondant einen Teelöffel abstechen und auf Antihaft-Backpapier setzen. Damit fortfahren, bis die Masse verbraucht ist. Abkühlen lassen.

5 Die Fondants mit dunkler Schokolade überziehen, wie auf Seite 122 beschrieben.

Ergibt
Etwa 500 g

Haltbarkeit
In einem luftdichten Behälter 2 Wochen lang haltbar

Schokoladen-Mint-Konfekt

Dieses Konfekt ist blitzschnell zubereitet und die perfekte Ergänzung zum Kaffee nach einem guten Essen.

ZUTATEN

125 g dunkle Schokolade

6 Tropfen Pfefferminzöl

1 EL Demerara-Zucker

1 Die Schokolade langsam im Wasserbad schmelzen (Seite 33). Abkühlen lassen, bis sie sich kühl anfühlt, aber noch flüssig ist. Das Pfefferminzöl und den Zucker hinzufügen und sorgfältig unterrühren.

Anschließend die Masse probieren und, wenn ein intensiverer Pfefferminzgeschmack gewünscht wird, noch etwas Pfefferminzöl zugeben.

2 Die Masse auf die vorbereiteten Backbleche gießen und jeweils in Form eines Rechtecks (16 × 23 cm) ausstreichen. Vor dem vollständigen Erstarren die Schokoladenmasse in Quadrate einteilen. Nach dem Erstarren in die markierten Quadrate schneiden.

Zubehör
Zwei flache Backbleche, mit Antihaft-Backpapier ausgelegt

Ergibt
Etwa 24 Stück

Haltbarkeit
In einem luftdichten Behälter 2 Wochen lang haltbar

Schoko-Fudge

Von Kindern heiß geliebt – für Erwachsene unwiderstehlich: Das ist Fudge!

ZUTATEN

425 g Kristallzucker

250 ml Milch

1 EL Glukosesirup

90 g Butter

60 g dunkle Schokolade

50 g Kakaopulver

1 TL Vanilleextrakt

60 g Walnüsse, gehackt

1 Den Zucker mit der Milch und dem Glukosesirup in eine schwere Kasserolle geben und bei niedriger Temperatur rühren, bis sich der Zucker aufgelöst hat. Ohne Umrühren kochen lassen, bis der Sirup auf einem Zuckerthermometer eine Temperatur von 114 °C (Stadium des »kleinen Ballen«) erreicht hat.

2 In der Zwischenzeit die Butter mit der Schokolade und dem Kakaopulver zusammen schmelzen (Seite 34). Sobald er die richtige Temperatur erreicht hat, den Sirup in die Schokoladenmasse gießen, dabei kräftig rühren. Den Vanilleextrakt und die Nüsse unterrühren und die Masse in die vorbereitete Form geben.

3 Nach dem Festwerden den Fudge in Würfel schneiden.

Zubehör
Flache, quadratische Backform (20 cm), mit Antihaft-Backpapier ausgekleidet

Ergibt
Etwa 650 g

Haltbarkeit
In einem luftdichten Behälter 2 Wochen lang haltbar

Schokoladeneier

Diese mit Schokolade gefüllten Eierschalen können Sie Ihren Gästen mit einem Augenzwinkern als frische Hühnereier servieren. Eine größere Auswahl an Schokoladeneiern stellen Sie am besten mit Hilfe von Eiformen aus Plastik her, die in verschiedenen Größen erhältlich sind. Diese Formen kann man abwechselnd mit einem Löffel voll weißer und dunkler Schokolade füllen, dann erhält man marmorierte Eier. Nachdem man die Eihälften aus der Plastikform genommen hat, werden sie mit einem Tropfen geschmolzener Schokolade zu ganzen Eiern zusammengesetzt.

Mit Hilfe von Plastikformen hergestellte marmorierte Schokoladeneier in einem Nest aus Schokoladenlocken

ZUTATEN

6 kleine Eier
300 g dunkle Schokolade (Kakaogehalt mindestens 70%)
175 ml Schlagsahne
100 g Krokant, fein gemahlen (Seite 51)
2 EL weißer Rum (nach Belieben)

1 Mit Hilfe einer Nadel ein kleines Loch in das spitzer zulaufende Ende jedes Eis stechen. Mit einer kleinen Schere den Durchmesser des Lochs auf etwa 1 cm erweitern. Das rohe Ei in eine Schüssel gießen und für ein anderes Rezept verwenden. Die Eierschalen unter fließendem Wasser ausspülen, dabei gründlich schütteln, bis sie leer und sauber sind. Die Schalen im Ofen bei niedriger Temperatur 10 Minuten trocknen.

2 Die Schokolade schmelzen (Seite 33). Die Schlagsahne in einer kleinen Kasserolle zum Kochen bringen, vom Herd nehmen und die Schokolade unterrühren. Den Krokant und den Rum ebenfalls unterrühren. Anschließend die Masse mit einem Löffel oder einem Spritzbeutel in die Eierschalen füllen, bis sie randvoll sind. Die Schalen von Schokoladenflecken säubern und kühl stellen, bis die Schokolade fest ist. Die Löcher in den Eierschalen mit einem kleinen, runden Aufkleber versiegeln und die Eier mit den Aufklebern nach unten in eine Eierschachtel oder in ein Körbchen setzen.

VARIANTE

Die Eierschalen nach dem Kühlen aufbrechen und die Schokoladeneier abschälen. Die Eier nach Belieben in bunte Folie wickeln.

 Ergibt
6 Eier

 Haltbarkeit
Im Kühlschrank
2 Wochen lang haltbar

Pikantes mit Schokolade

Ihre erste Verwendung fand die Schokolade in Südamerika als Getränk, das mit Chillies gewürzt wurde. Auch als die Spanier später die natürliche Bitterkeit der Schokolade durch Süße zu mildern verstanden, wurde sie doch weiterhin in Europa, vor allem in Italien und Spanien, als Zutat in bestimmten pikanten Gerichten verwendet. Die hier aufgeführten Rezepte stammen aus Europa und Mexiko und demonstrieren einmal mehr die vielseitige Verwendbarkeit von Schokolade – auch als pikante Zutat – als Begleiter von Geflügel, Wild und Meerestieren und in Kombination mit der aztekischen Chilischote.

Mole de Guajolote

Das Wort Mole, abgeleitet von dem mexikanisch-indianischen Wort molli, bezeichnet eine Sauce, die aus Chilischoten zubereitet wird. Für dieses Rezept wurden nur relativ milde Sorten getrockneter Chillies ausgewählt. Sie können jedoch die Chilimenge noch reduzieren.

Durch Rösten der Chilischoten vor dem Einweichen verbessert sich ihr Geschmack. Die Chillies in einer schweren Kasserolle 3 Minuten erhitzen, dabei wenden.

ZUTATEN

6 Mulato-Chillies, Samen und Scheidewände entfernt
6 Ancho-Chillies, Samen und Scheidewände entfernt
4 Pasilla-Chillies, Samen und Scheidewände entfernt
4 kg Truthahn, in Stücke zerlegt
1 Zwiebel, geviertelt
5 Knoblauchzehen, zerdrückt
$1^1/2$ TL Salz
60 g Sesamkörner
125 g Mandeln, blanchiert und enthäutet
2 Maismehl- oder Weizenmehl-Tortillas
3 milde Zwiebeln, gehackt
5 Tomaten, enthäutet und zerkleinert
60 g Rosinen
6 schwarze Pfefferkörner
2 Gewürznelken
$1/2$ TL Anissamen
1 TL gemahlener Zimt
4–6 EL Sonnenblumenöl
60–90 g dunkle Schokolade
Salz und frisch gemahlener schwarzer Pfeffer

1 Die Chilischoten über Nacht in 750 ml Wasser einweichen.

2 Die Truthahnteile mit der geviertelten Zwiebel und 2 Knoblauchzehen in eine große Kasserolle geben, mit Wasser bedecken und zum Kochen bringen. Das Salz hinzufügen, die Kasserolle abdecken und den Truthahn 1 Stunde leise köcheln lassen oder gerade so lange, bis er gar ist.

3 Abkühlen lassen, anschließend die Truthahnteile herausnehmen, die Haut entfernen und das Fleisch zuerst von den Knochen und danach in mundgerechte Stücke schneiden. Das Fleisch in einen ofenfesten Schmortopf geben. Die Haut und die Knochen zurück in die Kasserolle geben und eine weitere Stunde simmern lassen, damit ein konzentrierter Fond entsteht.

4 Eine kleine Menge Sesamkörner zum Garnieren zurückbehalten, den Rest mit den Mandeln bei mittlerer Temperatur ohne Fett in einer Pfanne rösten, dabei schwenken. Dann die Tortillas in derselben Pfanne 5 Minuten von beiden Seiten backen, bis sie knusprig sind. Die Tortillas in kleine Stücke brechen.

5 Die Chilischoten mit dem Einweichwasser, den milden Zwiebeln, den übrigen Knoblauchzehen, den Tomaten und den Tortillastücken in der Küchenmaschine zu einer glatten Paste pürieren. In eine Schüssel geben.

6 Die Küchenmaschine ausspülen und abtrocknen, danach die Sesamkörner, die Mandeln, die Rosinen, die Pfefferkörner und die Gewürze hineinfüllen. Fein pürieren, dann zur Chilimasse geben.

7 Das Öl in einer großen Sautierpfanne erhitzen, die Chilipaste darin etwa 5 Minuten unter ständigem Rühren anbraten, zum Fleisch in den Schmortopf geben.

8 Vom Fond 750 ml abmessen und mit der in Stücke gebrochenen Schokolade in eine Kasserolle geben. Erhitzen, bis sich die Schokolade im Fond gelöst hat, dann in den Schmortopf gießen. Mit Salz und Pfeffer abschmecken. Bei sehr geringer Temperatur köcheln lassen, falls nötig etwas Fond nachgießen. Die Sauce sollte eine dickflüssige Konsistenz haben.

Ergibt
12 Portionen

Haltbarkeit
Im Kühlschrank 7 Tage lang haltbar

Einfrieren
2–3 Monate

MOLE DE GUAJOLOTE *gehört zu den bekanntesten Gerichten Mexikos. Das hier verwendete Rezept beschreibt eine Variante des Gerichts, das am Hofe Montezumas, des großen Aztekenherrschers, serviert wurde.*

SERVIERVORSCHLAG FÜR MOLE DE GUAJOLOTE

Das Gericht mit den zurückbehaltenen Sesamkörnern oder mit grünen Kräutern bestreuen und mit Reis, gebackenen Bohnen und warmen, weichen Tortillas servieren. Eine farbenfrohe, exotische Note bekommt das Gericht, wenn zusätzlich Avocados, Limetten und Chillies dazu gereicht werden.

Lebhaft grüne Sprenkel glatter Petersilie bringen Farbe in das schokoladenbraune mexikanische Gericht.

Hirschragout

Dieses wunderbare Wintergericht eignet sich hervorragend auch für anspruchsvolle Gäste. Es wird mit jedem Aufwärmen besser, kann daher eine Weile im Voraus zubereitet werden. Besonders gut auch als Füllung in einer Pie.

ZUTATEN

1¹/₂ kg Hirschschulter, entbeint

Für die Marinade

2 EL Olivenöl

1 Karotte, klein geschnitten

1 große Zwiebel, gehackt

1 Stange Bleichsellerie, klein geschnitten

375 ml Rotwein

Für das Ragout

2 EL Olivenöl

4 Schalotten, fein gehackt

4 Knoblauchzehen, zerdrückt und gehackt

300 ml Rinderfond

1 EL Tomatenmark

Bouquet garni (1 Lorbeerblatt, 1 Zweig Thymian, einige Stengel Petersilie)

10 Wacholderbeeren

10 Pfefferkörner

1 Streifen Orangenschale (von einer unbehandelten Orange)

1¹/₂ EL Johannisbeergelee

50 g dunkle Schokolade (Kakaoanteil mindestens 70%), geraspelt

Salz und schwarzer Pfeffer aus der Mühle

1 Das Hirschfleisch in mundgerechte Würfel schneiden und in eine Schüssel legen.

2 Für die Marinade das Öl in einer großen Bratpfanne erhitzen und darin die Karotte, die Zwiebel und den Sellerie leicht anbräunen. Mit dem Rotwein ablöschen und vom Herd nehmen. Die Marinade nach dem Abkühlen über das Fleisch gießen. Über Nacht an einem kühlen Ort oder im Kühlschrank ziehen lassen.

3 Am folgenden Tag das Hirschfleisch aus der Marinade nehmen und mit Küchenkrepp trockentupfen. Die Marinade aufheben.

4 Für das Ragout das Öl in einer beschichteten Pfanne erhitzen und das gewürfelte Hirschfleisch in mehreren Portionen von allen Seiten anbraten. In einen ofenfesten Schmortopf geben. Die Schalotten und den Knoblauch in die Pfanne geben und unter Rühren glasig dünsten. Ebenfalls in den Schmortopf geben.

5 Die Marinade samt Gemüse in die Pfanne gießen und damit den Bratensatz, der sich am Boden der Pfanne festgesetzt hat, vollständig loskochen. Die Marinade in den Schmortopf gießen. Dann den Rinderfond, das Tomatenmark, das Bouquet garni, die Wacholderbeeren, die Pfefferkörner und die Orangenschale hinzufügen.

6 Sparsam Salz dazugeben, auf dem Herd zum Kochen bringen, abdecken und in den vorgeheizten Ofen stellen. Die Temperatur so anpassen, dass das Ragout sehr behutsam gart – es soll kaum köcheln. Für 2–2¹/₂ Stunden im Ofen schmoren lassen oder so lange, bis das Fleisch zart ist.

7 Die Saucenflüssigkeit durch ein Sieb in eine Kasserolle abgießen. Sprudelnd auf ein Viertel der Menge einkochen lassen. Das Johannisbeergelee und die Schokolade unterrühren. Mit Pfeffer (und nach Geschmack mit mehr Salz) würzen. Die Sauce über das Ragout gießen und das Bouquet garni entfernen. Heiß servieren. Dazu ein Steckrüben- oder Pastinakenpüree, Maronen und grünes Gemüse reichen.

Backofentemperatur
160 °C/Gas Stufe 1–2

Gardauer
2–2¹/₂ Stunden

Ergibt
6 Portionen

Haltbarkeit
Abgedeckt im Kühlschrank 2–3 Tage lang haltbar

Calamares con Chocolate

Im katalanischen Original-rezept, auf dem dieses Rezept basiert, werden ganz junge Kraken, pulpitos, verwendet; die leichter zu beschaffenden Kalmare sind jedoch ein guter Ersatz.

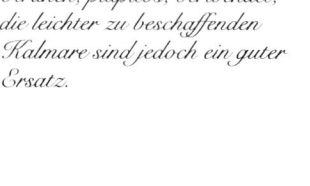

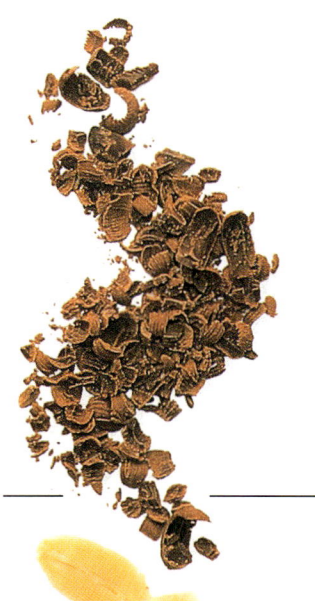

ZUTATEN

750 g Kalmare
3 EL Olivenöl
2 Knoblauchzehen
25 g Mandelblättchen
1 große, milde Zwiebel, fein gehackt
1 Lorbeerblatt
$^{1}/_{2}$ TL getrockneter Thymian
250 ml Weißwein
4 Tomaten, enthäutet und zerkleinert
1 Prise Safran
15 g dunkle Schokolade (Kakaoanteil mindestens 70%), geraspelt (Seite 42)
2 EL Petersilie, fein gehackt
Salz und schwarzer Pfeffer aus der Mühle

1 Die einzelnen Kalmare am sack-artigen Körper festhalten und Kopf und Fangarme herausziehen. Vorsichtig die Tintenbeutel entfernen. Die Fangarme abschneiden und aufbewahren. Den Schulp (schwertförmiges Chitinblatt) und alles Gallertartige entfernen und wegwerfen. Den Körpersack unter fließendem kaltem Wasser reinigen. Den Körper in Ringe, die Fangarme in Stücke schneiden.

2 In einer Sautier- oder Bratpfanne 2 Esslöffel Öl erhitzen und den Knoblauch mit den Mandelblättchen hellbraun rösten. In einen Mörser umfüllen. Das restliche Öl in die Pfanne geben, die Zwiebel darin weich dünsten, anschließend die Kalmare, das Lorbeerblatt und den Thymian dazugeben. Wenn die Kalmare nicht mehr transparent aussehen, den Weißwein zugießen. Die Sauce leicht einkochen lassen, dann Tomaten, Salz und Pfeffer hinzufügen. Bei geschlossenem Deckel etwa 1 Stunde leise köcheln lassen, bis die Kalmare zart sind.

3 Die Mandelblättchen mit dem Knoblauch und dem Safran im Mörser zu einer Paste verarbeiten, mit etwas Flüssigkeit aus der Pfanne verdünnen. Die Paste unter die Kalmare rühren, die Schokolade zugeben und zum Eindicken nochmals erhitzen. Die Petersilie unterrühren. Mit gekochten neuen Kartoffeln servieren.

Ergibt
4 Portionen

Haltbarkeit
Abgedeckt im Kühlschrank 2–3 Tage lang haltbar

Einfrieren
2–3 Monate

Conejo con Chocolate

In Spanien aromatisiert man mit dunkler Schokolade häufig Wildsaucen. Der Schokoladenanteil ist zwar relativ gering, doch rundet er das Aroma der Sauce harmonisch ab.

ZUTATEN

4 EL Olivenöl
2 Knoblauchzehen, blanchiert und abgezogen
1 Kaninchen, zerlegt
Mehl zum Bestäuben
1 Zwiebel, gehackt
1 Karotte, klein geschnitten
1 Zweig Thymian
1 Lorbeerblatt
1 kleine Zimtstange
300 ml Rotwein
1 kleines Glas trockener Sherry
50 g Mandel
50 g Pinienkerne
30 g dunkle Schokolade (Kakaoanteil mindestens 70%), zerkleinert (Seite 32)
2 EL Weinbrand
1 Prise Zucker (nach Belieben)
Salz und schwarzer Pfeffer aus der Mühle

1 Das Öl in einem Schmortopf erhitzen und den Knoblauch darin leicht anbräunen. Mit einem Sieblöffel herausnehmen und in einen großen Mörser oder einen Mixer geben.

2 Das zerlegte Kaninchen im Mehl wenden und anbraten, bis es eine braune Färbung angenommen hat. Die Zwiebel, die Karotte, den Thymian, das Lorbeerblatt und die Zimtstange hinzufügen. Kurz alles vermischen, dann den Rotwein und den Sherry zugießen. Mit Salz und Pfeffer würzen. Zum Kochen bringen und bei geschlossenem Deckel 40 Minuten leise köcheln lassen.

3 Den Knoblauch mit den Mandeln, den Pinienkernen, der Schokolade und, falls nötig, einigen Esslöffeln von der Flüssigkeit aus dem Schmortopf zu einer Paste verarbeiten. Mit dem Weinbrand verdünnen. Zum Kaninchen geben und noch einige Minuten simmern lassen. Abschmecken, eine Prise Zucker hinzufügen, falls die Sauce zu bitter ist. Mit Reis oder Kartoffeln servieren.

Ergibt
4 Portionen

Haltbarkeit
Abgedeckt im Kühlschrank 2–3 Tage lang haltbar

Einfrieren
2–3 Monate

Saucen & Füllungen

Wie zaubert man aus einem einfachen Kuchen oder Dessert etwas Besonderes? Indem man dem Kuchen zu einer köstlich schokoladigen Füllung und dem Dessert zu einer herrlich samtigen Sauce verhilft! Die hier aufgeführten Saucen und Füllungen mit und ohne Schokolade passen hervorragend zu anderen Süßspeisen, die Schokolade enthalten, doch eröffnen sie auch Desserts ohne Schokolade eine neue Dimension. Wie bei jedem Schokoladenrezept steht und fällt der kulinarische Erfolg mit der Qualität der verwendeten Schokolade, daher sollte man für die Zubereitung bevorzugt Schokolade mit einem möglichst hohen Kakaoanteil und einem möglichst geringen Zuckeranteil verwenden.

Schokoladensauce

Dies ist eine besonders einfache Variante der Dunklen Schokoladensauce auf der folgenden Seite. Sie wird mit Kakaopulver zubereitet.

ZUTATEN

60 g Kakaopulver
250 ml Wasser
125 g extrafeiner Zucker
30 g Butter

Das Kakaopulver mit dem Wasser und dem Zucker zusammen 3 Minuten köcheln lassen, dabei umrühren. Die Butter einrühren und erneut zum Simmern bringen. Um eine gießfähige Konsistenz zu erhalten, eventuell noch etwas Wasser zugeben.

Ergibt
300 ml

Haltbarkeit
Abgedeckt 2–3 Tage lang im Kühlschrank haltbar

Crème Anglaise

Crème Anglaise, eine wohltuend leichte Vanillesauce, passt zu einer Vielzahl von Schokoladendesserts und bildet die Basis für viele Eiscremesorten. Man muss bei ihrer Zubereitung nur darauf achten, dass das Eigelb, dem die Sauce ihre dickflüssige Konsistenz verdankt, nicht gerinnt.

ZUTATEN

300 ml Milch
1/2 Vanilleschote, halbiert, oder 1 TL Vanilleextrakt
3 Eigelb
25 g extrafeiner Zucker

1 In einer Kasserolle die Milch mit der Vanilleschote, falls sie verwendet wird, bis fast zum Siedepunkt erhitzen.

2 Das Eigelb mit dem Zucker weißschaumig schlagen, dann die heiße Milch unterschlagen. Die Masse wieder in die Kasserolle gießen, bei niedriger Temperatur halten und dabei mit einem hölzernen Kochlöffel umrühren, bis die Masse leicht bindet. Unbedingt darauf achten, dass die

Creme nicht einmal leise köchelt, sonst gerinnt sie.

3 Durch ein Sieb in eine Schüssel abgießen und abkühlen lassen. Dabei dickt die Creme noch weiter ein. Den Vanilleextrakt nun zugeben, falls er verwendet wird, und die Crème Anglaise kühl stellen.

VARIANTEN

Kaffeecreme: Der Crème Anglaise einen Esslöffel sehr starken schwarzen Kaffee beimischen.
Mokkacreme: Wenn die Crème Anglaise eingedickt ist, 60 g geraspelte dunkle Schokolade und 1 Esslöffel starken schwarzen Kaffee hinzufügen.
Likörcreme: Einen Esslöffel (oder auch mehr) Williams Christ oder Grand Marnier unter die Crème Anglaise mischen.

Ergibt
350 ml

Haltbarkeit
Im Kühlschrank 2–3 Tage lang haltbar

Warme Fudge-Sauce

Diese zartschmelzende Sauce hat ein feines Aroma und schmeckt zu Eiscreme genauso gut wie zu warmen Desserts.

ZUTATEN

125 ml Schlagsahne
30 g Butter
50 g Kakaopulver, gesiebt
60 g extrafeiner Zucker
60 g weicher brauner Zucker (dunkel)

Alle Zutaten in eine schwere Kasserolle geben und bei niedriger Temperatur verrühren, bis die Masse geschmolzen und homogen ist.
Die Temperatur leicht erhöhen und die Sauce 2–3 Minuten lang köcheln lassen. Ist die Sauce nicht süß genug, noch etwas extrafeinen Zucker hinzufügen.

Ergibt
150 ml

Haltbarkeit
Abgedeckt im Kühlschrank 1–2 Tage lang haltbar

Dunkle Schokola-
densauce zu dampf-
gegartem Pudding

SCHOKOLADENSAUCEN
*Zartschmelzende, samtige Saucen mit
Schokolade sind bei zahlreichen Desserts
das Tüpfelchen auf dem i. Warm
servieren mit dampfgegartem Pudding
oder heißen Pies und frisch gebackenen
Tartes – und kalt servieren zu Eiscreme
und Früchten.*

—Dunkle Schokoladensauce—

ZUTATEN

100 g dunkle Schokolade (Kakaoanteil mindestens 70%) oder bittere Dessertschokolade
30 g Butter
5 EL Wasser
1 EL Rum oder Weinbrand

Ergibt
300 ml

Haltbarkeit
Abgedeckt im
Kühlschrank
1–2 Tage lang
haltbar

Schokolade, Butter und Wasser zusammen in eine kleine, schwere
Kasserolle geben und unter ständigem
Rühren schmelzen. Wenn eine
homogene Masse entstanden ist, den
Alkohol einrühren. Die Sauce kann
kalt oder warm serviert werden.

Canache-Creme

Diese vielseitige Schokoladencreme kann als Füllung, Überzug und Sauce verwendet werden.

ZUTATEN

150 g dunkle Schokolade (Kakaoanteil mindestens 70%), zerkleinert

150 g dunkle Schokolade, zerkleinert (Seite 32)

300 ml Schlagsahne

1 Die Schokolade in eine große Schüssel geben. Die Schlagsahne zum Kochen bringen, über die Schokolade gießen und 5 Minuten stehen lassen. Behutsam vermischen.

2 So lange rühren, bis die Masse locker und abgekühlt ist. Nicht zu lange rühren, da sie sich sonst nicht mehr verstreichen lässt. Soll die Canache-Creme als Sauce verwendet werden, nur kurz umrühren, bis die Zutaten vermischt und noch warm sind.

Ergibt
Füllung und Überzug für eine zweilagige Cremetorte (22 cm Durchmesser); Sauce: 8 Portionen

Haltbarkeit
Im Kühlschrank 2–3 Tage lang haltbar

Schokoladenbuttercreme

Buttercreme ist eine ausgezeichnete Füllung und Glasur für Cremetorten. Das Grundrezept, das im Rezept für die Hochzeitstorte auf Seite 66 verwendet wird, besteht aus Eidottern, Butter, Wasser und Zucker. Hier ist das Rezept für eine dunkle Schokoladenbuttercreme abgewandelt. Das Rezept für eine weiße Schokoladenbuttercreme finden Sie unter Weiße Schokoladentorte (Seite 61).

ZUTATEN

4 Eigelb

125 g Kristallzucker

100 ml Wasser

250 g Butter, zerkleinert

100 g dunkle Schokolade (Kakaoanteil mindestens 70%), geschmolzen (Seite 33)

1 Das Eigelb in eine Schüssel geben und weißschaumig aufschlagen.

2 Den Zucker mit dem Wasser in einer schweren Kasserolle behutsam erhitzen, bis sich der Zucker aufgelöst hat. Zum Kochen bringen und so lange weiterkochen, bis der Sirup auf einem Zuckerthermometer eine Temperatur von 115 °C (dieses Stadium wird auch »kleiner Ballen« genannt) erreicht hat.

3 Den Sirup nach und nach über das Eigelb gießen und mit einem elektrischen Handrührgerät schlagen, bis die Masse eingedickt und lauwarm ist (den Sirup nach Möglichkeit nicht über die Rührer gießen).

4 Die weiche Butter portionsweise in die Masse einarbeiten. Die geschmolzene Schokolade untermischen.

Ergibt
Füllung und Überzug für eine zweilagige Cremetorte (22 cm Durchmesser)

Haltbarkeit
Die Buttercreme am besten gleich nach der Zubereitung verwenden.

Schokoladenglasur

Dies ist eine üppige Kuchenglasur mit schönem Glanz. Eine einfachere Glasur auf Kakaopulverbasis finden Sie bei den Éclairs (Seite 83).

ZUTATEN

100 g dunkle Kuvertüre oder Schokolade (Kakaoanteil mindestens 70%)

100 g dunkle Schokolade

125 g Butter

1 EL Ahornsirup

1 Beide Schokoladensorten in kleine Stücke brechen. Die Schokoladenstücke mit den anderen Zutaten in einer schweren Kasserolle schmelzen (Seite 34).

2 Den zu glasierenden Kuchen auf einen Gitterrost setzen, unter dem ein großer Teller steht, und mit der Glasur begießen (Seite 49).

Ergibt
Glasur für einen Kuchen (20–24 cm Durchmesser)

Aprikosenfüllung

Diese cremige, fruchtige Füllung eignet sich besonders gut für Schokoladentorten und Biskuitrollen. Getrocknete Aprikosen haben einen hohen Zuckergehalt, so dass kein zusätzlicher Zucker benötigt wird.

ZUTATEN

1 TL gemahlene Gelatine

175 ml Wasser

175 g getrocknete Aprikosen

150 ml Schlagsahne

1 Die Gelatine mit 2 Esslöffeln Wasser in eine Tasse geben und quellen lassen. Die Tasse in eine Schüssel mit heißem Wasser setzen und stehen lassen, bis sich die Gelatine aufgelöst hat.

2 Die Aprikosen zusammen mit dem restlichen Wasser in eine schwere Kasserolle geben. Bei geschlossenem Deckel simmern lassen, bis die Aprikosen weich sind und das Wasser verdampft ist.

3 Die Aprikosen mit der Gelatine in einer Küchenmaschine oder einem Mixer pürieren, anschließend die Schlagsahne hinzufügen und nochmals pürieren, um eine homogene Masse zu erhalten.

Ergibt
Füllung für eine zweilagige Cremetorte (20–24 cm Durchmesser)

Himbeer-Coulis

Diese säuerlich fruchtige rote Sauce passt einfach zu allen Kreationen der Schokoladenküche. Sie ist bewusst säuerlich frisch abgeschmeckt, als Gegenstück zur schokoladigen Süße.

ZUTATEN

300 g Himbeeren, frisch oder gefroren

90 g extrafeiner Zucker

1 Die Himbeeren mit dem Zucker in eine Schüssel geben. Mindestens eine Stunde ziehen lassen, damit sich die Aromen entfalten können.

2 Die Früchte mit dem Zucker in einer Küchenmaschine pürieren (oder mit einem Schneebesen kräftig schlagen).

3 Das Fruchtpüree durch ein feines Sieb streichen, dabei so viel Saft wie möglich durchpressen. Die Coulis kalt servieren.

 Ergibt 300 ml

 Haltbarkeit Im Kühlschrank 2 Tage lang haltbar

 Einfrieren 2 Monate

Orangensauce

Wunderbar schnell zubereitet ist diese Orangensauce, da frisch gepresster Blutorangensaft nun im Tetrapack erhältlich ist. Sein kräftiger, säuerlicher Geschmack harmoniert besonders mit gehaltvollen Schokoladendesserts.

ZUTATEN

2 TL Maisstärke

2 EL Wasser

300 ml Blutorangensaft, frisch gepresst

Zucker nach Belieben

1 Die Maisstärke mit dem Wasser in eine Schüssel geben und zu einer glatten Paste verrühren.

2 Den Blutorangensaft in eine kleine, schwere Kasserolle gießen. Die Paste einrühren.

3 Die Blutorangenmischung unter ständigem Rühren bei mäßiger Hitze zum Köcheln bringen. Falls nötig, nach Belieben Zucker hinzufügen. Die Sauce sollte am besten gleich nach der Zubereitung verwendet werden.

 Ergibt 300 ml

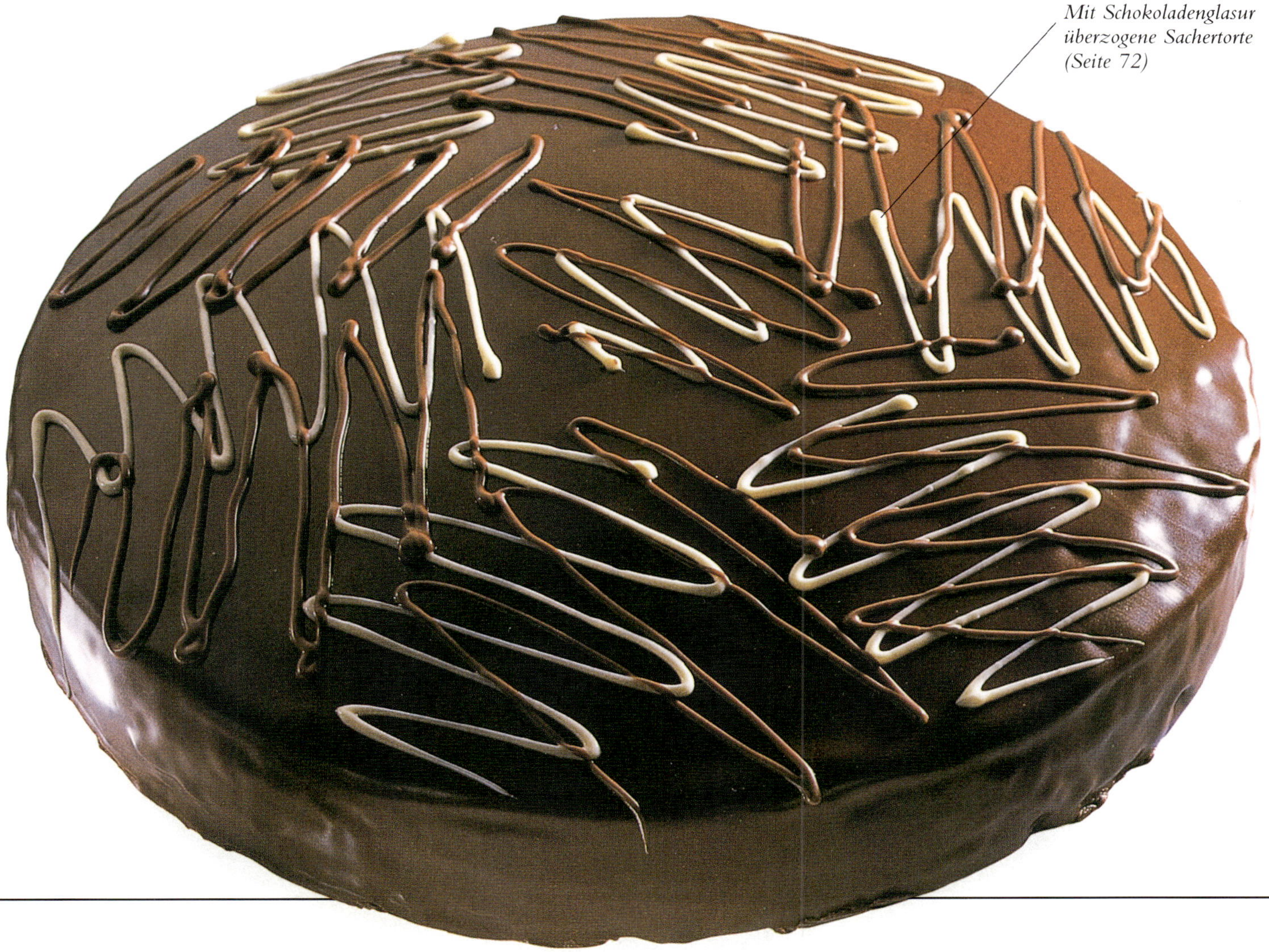

Mit Schokoladenglasur überzogene Sachertorte (Seite 72)

Getränke mit Schokolade

»›Monsieur‹, so sprach Madame d'Arestel, Oberin des Klosters Mariae Heimsuchung in Belley, vor mehr als fünzig Jahren zu mir, ›wenn Sie einmal eine wirklich gute Tasse Schokolade zu sich nehmen möchten, sollten Sie sie tags zuvor in einer Kaffeekanne aus Porzellan zubereiten und über Nacht stehen lassen. Eine konzentrierte Schokolade von samtiger Beschaffenheit ist das Resultat solcher Nachtruhe. Der liebe Gott nimmt bestimmt keinen Anstoß an unserem Streben nach Perfektion, verkörpert er doch selbst die reine Vollendung aller Dinge.‹«

J. A. Brillat-Savarin,
Physiologie des Geschmacks, 1825.

—— Wiener heiße Schokolade ——

Dieses köstliche Getränk weckt Bilder aus der großen Zeit des Österreichisch-Ungarischen Kaiserreichs, als Wien die lebendigste Stadt Europas war.

ZUTATEN

150 ml Schlagsahne

1 l Milch

3 EL extrafeiner Zucker

1 EL brauner Rum oder Cognac

275 g dunkle Schokolade (Kakaoanteil mindestens 70%), in kleine Stücke gehackt (Seite 32)

1 Die Sahne halbfest schlagen und beiseite stellen.

2 Die Milch in einer großen Kasserolle bis kurz vor den Siedepunkt erhitzen. Vom Herd nehmen und den Zucker, den Rum oder Cognac und die Schokolade bis auf einen Esslöffel unterrühren.

3 Auf 4 Tassen verteilen, ein Sahnehäubchen darauf setzen und mit der restlichen Schokolade bestreuen.

VARIANTE

Mexikanische heiße Schokolade:
Bei dieser Variante die Sahne weglassen, stattdessen eine Prise gemahlene Gewürznelken und einen halben Teelöffel gemahlenen Zimt unter die Schokolade rühren.

 Ergibt
4 Portionen

—— Chocolate Float ——

Dieser Nachfahre eines in den Vereinigten Staaten einmal sehr beliebten Getränks ist für heutige Begriffe vielleicht etwas gehaltvoll, doch in manchen Situationen genau das, was der Mensch braucht.

ZUTATEN

300 ml Milch

2 gehäufte EL Malz-Trinkpulver

2 gehäufte EL Trinkschokoladenpulver

4 gehäufte EL Schokoladen- oder Vanilleeiscreme

2 Kugeln Schokoladeneiscreme

1 Die Milch mit dem Malz-Trinkpulver, der Trinkschokolade und den 4 Esslöffeln Eiscreme in den Mixer geben und vermischen.

2 Das Schokoladengetränk auf 2 hohe Gläser verteilen und jedes Glas mit einer im Getränk schwimmenden Kugel Eiscreme servieren.

 Ergibt
2 Portionen

—— Eisschokolade ——

Nach diesem Rezept lässt sich auch Café Liégeois zubereiten: Eine Kugel Vanille- oder Schokoladeneiscreme in die Eisschokolade geben, mit geschlagener Sahne krönen und mit Zimt oder Kakaopulver bestäuben.

ZUTATEN

250 g Kristallzucker

300 ml Wasser

60 g Kakaopulver

2 TL Espressopulver

1¹/4 l Milch

1 Bei niedriger Temperatur den Zucker im Wasser auflösen, dann zum Kochen bringen und 3 Minuten lang sprudelnd kochen lassen. Das Kakao- und das Espressopulver in den Sirup rühren.

2 Den Schokoladensirup nach dem Abkühlen bis zum Servieren in den Kühlschrank stellen.

3 In ein Glas 50–100 ml Schokoladensirup gießen und mit Milch auffüllen. Das Getränk in gekühlten Gläsern und mit Eiswürfeln servieren.

 Ergibt
4–6 Portionen

KAFFEE UND SCHOKOLADE

Dass Kaffee und Schokolade gut zusammenpassen, ist allgemein bekannt. In Begleitung einer Tasse Kaffee nach dem Essen serviert, ist Schokolade einfach unwiderstehlich. Schokostreusel oder Kakaopulver über die aufgeschäumte Milch des Cappuccino gestreut, machen das Getränk zu etwas Besonderem. Eine Prise Kakao ins Kaffeepulver gegeben, verbessert den Geschmack; dabei ist es ganz egal, auf welche Weise Sie Ihren Kaffee zubereiten. Gönnen Sie sich doch einmal, beispielsweise nach dem Abendessen, folgendes flüssige Dessert: Ein Stück Schokolade in eine erwärmte Tasse legen, mit frisch aufgebrühtem, heißem Kaffee aufgießen, einen Esslöffel Weinbrand dazugeben und obenauf etwas Sahne gießen. Nicht umrühren und sofort genießen.

Ein kleiner Fächer aus Schokolade, dekorativ ins Sahnehäubchen gesteckt, verleiht dem Getränk das gewisse Etwas.

WIENER HEISSE SCHOKOLADE *ist eine wohltuend warme Angelegenheit aus tiefbrauner Schokolade, Schlagsahne und Milch – und einem großzügigen Schuss Hochprozentigem*

Die auf dem Chocolate Float schwimmende Kugel Eiscreme ist der Namensgeber des Getränks.

Chocolate Float, die sommerlich kühle Alternative zur heißen Schokolade

Montezuma

Dieser Drink ist wie geschaffen für einen lauen Sommerabend. Man sollte ihn nach dem Abendessen im Freien genießen.

ZUTATEN

600 ml Milch
1 EL Kristallzucker
100 g dunkle Schokolade (Kakaoanteil mindestens 70%)
1 große Prise Zimt
1 große Prise Piment
5 EL Rum
100 ml Weinbrand oder Calvados
Abgeriebene Schale von
$^1/_2$ unbehandelten Zitrone
Zerstoßenes Eis

1 Die Milch mit dem Zucker, der Schokolade, dem Zimt und dem Piment behutsam unter ständigem Rühren erhitzen, bis alles gut vermischt ist. Vom Herd nehmen und abkühlen lassen.

2 Den Milchmix in einen Cocktailshaker gießen, die anderen Zutaten dazugeben und schütteln. Auf 4 Gläser verteilen, sehr kalt servieren.

Ergibt
4 Cocktails

Brandy Alexander

Crème de Cacao, ein populärer Schokoladenlikör, wird für zahlreiche exotische Cocktails verwendet. Cocktails, die Sahne enthalten, serviert man vorzugsweise nach dem Essen.

ZUTATEN

Eiswürfel
124 ml Weinbrand
125 ml Crème de Cacao
125 ml Schlagsahne
Frisch geriebene Muskatnuss

Die Eiswürfel mit dem Weinbrand, der Crème de Cacao und der Schlagsahne in einen Cocktailshaker geben. Kräftig schütteln, dann in vier Cocktailgläser abseihen. Etwas Muskatnuss über jeden Cocktail reiben und sofort servieren.

VARIANTEN

Nurejew:
Wodka und Crème de Cacao, farblos, zu gleichen Teilen.

Pawlowa:
Wodka, Crème de Cacao und Schlagsahne zu gleichen Teilen.

Puschkin:
Wodka, Gin und Crème de Cacao zu gleichen Teilen.

Crow:
Scotch Whisky oder Bourbon und Crème de Cacao zu gleichen Teilen, plus ein Spritzer Orange-Bitter.

Ergibt
4 Cocktails

Der Crow besteht aus Whisky und Crème de Cacao.

Wie der Name schon sagt: Der Nurejew hat etwas Russisches in sich.

Register

Kursiv gesetzte Seitenzahlen verweisen auf Abbildungen

Adressen

Für Küchengeräte

Besser Kochen
Hagen Grote
Gahlingspfad 53
D-47803 Krefeld
Tel. 0 21 51-80 40 60
Fax 0 21 51-8 04 31

Gute Dinge
Versandhandels GmbH
Pfaffengasse 3
D-56379 Holzappel
Tel. 0 64 39-68 94
Fax 0 64 39-68 92

Für Backzutaten und Kuvertüre

Confis-Express
Alfred Pfersich
Messerschmittstr. 23
89231 Neu-Ulm
Tel. 07 31-70 79 51
Fax 07 31-7 07 91 47

Interbackring
Fachgroßhandelszentrale
Schulstr. 24
D-51491 Overath
(Untereschenbach)
Tel. 0 22 04-70 90

Chocolaterie Valrhona
BP 40
F-26600 Tain l'Hermitage
Tel. 75 07 90 90
Fax 75 08 05 17

Qualitativ hochwertige Schokoladensorten und Kuvertüre bekommt man in guten Konfiserie- und Delikatessenläden.

Danksagung

Ich möchte all den Menschen bei Dorling Kindersley meinen Dank ausdrücken, die an diesem Buch mitgearbeitet haben, insbesondere der Cheflektorin Daphne Razazan, der verantwortlichen Redakteurin Fay Franklin und der talentierten Jane Bull, Art Editor. Mein spezieller Dank gilt meiner Lektorin Janice Anderson für die einfühlsame und hervorragende Arbeit am Text. Bedanken möchte ich mich auch bei Ian O'Leary, dem Fotograf, und seiner Assistentin Emma Brogi für die appetitanregenden Fotos. Janice Murfitt war für die Zubereitung der Rezepte und das Foodstyling zuständig, für ihre großartige und schöne Arbeit bin ich ihr zutiefst dankbar. Herzlichen Dank an Zoë Keen und Bryony Miller, die mir dabei halfen, die Rezepte auszuarbeiten und zu testen, an Josceline Dimbleby, dass sie mir ihr Rezept für die Eisbombe »Maracuja Surprise« zur Verfügung gestellt hat, und an meine gute Freundin Nancy Lassalle für ihre Hilfe und Großzügigkeit, mich ihre Küche in Cape Cod benutzen zu lassen. Dank sagen möchte ich meiner Familie für all das Probieren und für die hilfreichen Kommentare, vielen Dank auch an John Lowenthal für seinen geschätzten Rat und seine unermüdliche Unterstützung.

Dorling Kindersley bedankt sich bei Virginia Walter für die grafische Gestaltung, bei Paul Wood und Suzy Dittmar für das DTP Design. Die Requisiten wurden zur Verfügung gestellt von Tables Laid, China & Co. und Surfaces.

Bildnachweis

Abkürzungen: o = oben, M = Mitte, u = unten, l = links und r = rechts

Der Herausgeber bedankt sich für die Bereitstellung der Abbildungen und die Genehmigung zum Abdruck bei: Jean-Loup Charmet, Paris 6; Musée de Versailles/E. T. Archive 7; RBG Kew 8; Mary Evans Picture Library 9.

Alle Fotografien von Ian O'Leary, außer:
Dave King 39, 42 ur, 43 ur, 45 ur, 46 r, M, ur, 48 Mo, u, ro, ru, 51 M, ul, ur, 82–83 ul, M, ur; David Murray 32 r.